웃음보따리

송 종 섭 편저

신교횃불

우리의 생활에서 유머는 사람들의 마음을 열고,

나 자신의 기분도 유쾌하고 활력이 넘치게 한다.

머리말

우리 일상생활 중에서 때에 맞는 적절한 유머는 사람들의 마음을 열고, 긴장된 분위기를 풀어 주고, 나 자신도 유쾌하고 활력이 넘치게 하며 사람들로부터 환영을 받게 합니다.

그러나 대부분의 유머가 음담패설이나 퇴패적인 것이 많아 건전하지 못하고 특히 청소년들이 사용하기에는 부적절 한 것들이 많이 발견 되었습니다. 때문에 이를 개선 하고자 노력하였으며, 건전한 것들을 모아 책으로 편집해 보았습니다.

편집자가 창작한 것도 있습니다만 대부분 시중에 회자 되는 것들을 정리 하였으며, 다른 분들의 책에서 발췌한 것들도 있습니다. 혹시 다른 분의 창작을 표절한 것이 있더라도, 많은 사람들을 행복하게 한다는 뜻에서 양해 바랍니다.

이 책을 읽는 사람이나, 듣는 분들이 웃음을 즐기고 생에 활력을 얻으며, 행복하기를 바랍니다. 아는 유머는 또 다른 분들에게 전하면 본인이 더 보람을 느끼며, 행복하게 됩니다. 또 잃어버리지도 않습니다. 밝은 사회 희망이 보이는 사회를 만드는데 일조가 되기를 바랍니다.

모든 문제가 나에게, 이 땅에 있으나 모든 해결책은 하늘에 있습니다. 즐거운 마음으로 기다리면 내일은 또 새로운 태양이 떠오를 것입니다.

행운을 기원하며 이에 머리말을 마칩니다.

2007.2.20
고희을 맞으며

말 한마디가

적절한 유머 말 한 마디가 긴장을 풀어주고,
사랑의 말 한 마디가 축복을 줍니다.

은혜로운 말 한 마디가 길을 평탄케 하고
즐거운 말 한 마디가 하루를 빛나게 합니다.

위로의 말 한 마디가 마음을 따뜻하게 하고
복음의 말 한 마디가 영혼을 살려 냅니다.

여호와 우리 주여 이름이 온땅에
어찌 그리 아름다운지요.

- 시 8:1,9 -

추 천 서

기발한 고희 축하

어느 화장품 회사나 그 화장품으로 한 명의 여자라도 아름다워졌다는 소문이 나면 그 회사는 성공한다. 한 사람이 다른 사람들에게 웃을 수 있는 기회를 만들어 주었다면 그 사람은 인류에 공헌한 사람이다. 이 책의 저자는 자신의 70세를 축하하면서 (하루를 활짝 열어주는 웃음 보따리) 라는 책을 펴냈다.

기발한 아이디어이다. 이 분은 인생을 행복하게 마칠 수 있는 자격이 있다. 인생의 결론을 웃음과 행복으로 축하하겠다는 뜻이다. 자신만이 웃으며 행복하게 살겠다는 것이 아니고 웃고 있는 가족들과 친지들의 사진을 함께 책에 실어 웃음과 행복을 가족들에게 유산으로 남겨주고 싶어 한다.

얼마나 멋진 삶의 접근인가! 사람들이 이 특별한 책을 읽고 한번이라도 웃었으면 이 책은 성공한 책이다.

나는 오래 전부터 유머 책이라면 기회 있을 때마다 수집해 왔다. 그리고 그런 책을 읽으며 즐겨 왔다. 내가 또 한 권의 책을 읽고 소유하게 된 것은 내 인생의 행복이다.

2007년 2월 28일

김 상 복 목사 (할렐루야교회)

CONTENTS

1장
생 활

◆

웃음은 전염된다. 웃음은 감염된다.
이 둘은 당신의 건강에 좋다

-월리암 프라이-

주 안에서 항상 기뻐하라.
내가 다시 말 하노니 기뻐하라

- 빌 4:4 -

1-1 극장표

　유비, 관우, 장비가 '괴물' 영화를 보기로 정하고 장비를 시켜 표를 사오도록 하였다. 그런데 장비가 시간이 지났는데도 오지 않아 매표소에 가보니 장비가 난동을 부리고 있었다. 이유를 물은 즉 '조조'는 활인을 해 주면서 우리 형님은 활인을 해 주지 않는다는 것이다.

1-2 바보 행전

　두 정신병자가 병동에서 탈출을 시도 하였다. 옷 싯트 등을 연결하여 끈을 만들었다 그런데 밑으로 내려간 자가 다시 올라 왔다. 끈이 너무 짧았기 때문이다.　그래서 다시 옷을 찢어 끈을 연결하고 탈출을 시도 하였다. 밑으로 내려 간 자가 다시 올라 왔다. 이유 인 즉 이번에는 끈이 너무 길기 때문이란다.

1-3 미꾸라지

　큰돈이 걸린 소송의 피고가 "판사에게 시가 한 박스를 보내면 잘 봐주지 않을까요?"하고 변호사에게 물었다.
　"천만에 이 판사는 윤리문제로 여간 까다로운 사람이 아닙니다. 이 사람을 보고는 웃지도 말아요."라고 변호사는 말했다. 마침내 피고에게 유리한 판결이 났다. 법정을 나서면서 피고는 변호사에게 "시가 이야기 귀띔해 줘서 고마워요. 그 말 대로 됐습니다."라고 말했다.
　"그걸 보냈다면 우리는 틀림없이 패해했을 겁니다." 변호사는 말했다.

"하지만 보냈는데요."라고 피고는 말했다.

"뭐라고요? 보냈다 구요?"

"그렇습니다. 그래서 이긴 거라 구요. 제일 싸구려 시가를 보내면서 원고의 명함을 거기 동봉했지 뭡니까?"

1-4 앙갚음

6개월간 유럽 여행을 다녀오기 위해 융자를 받으려는 미국 사람이 여러 해 동안 거래해온 은행을 찾았다. 그런데 그 은행은 대부 신청을 거부 했다. 다른 은행을 찾은 그는 별 문제 없이 융자를 받았다.

신바람이 나서 6개월간의 여행길에 오르면서 그는 5 파운짜리 생선한 마리를 사 가지고는 그동안 거래했던 은행의 귀중품 보관함에 집어넣었다.

1-5 얌체족

주차했던 벤츠차로 돌아와 보니 헤드라이트가 박살나고 보닛도 많이 망가진 상태였다. 가해자는 보이지 않았으나 와이퍼에 메모지가 꽂혀있는 것을 보고 안심했다.

"미안해요. 후진 하다가 당신 차를 들이 받았습니다.

사고를 목격한 사람들은 나를 보고 고개를 끄덕이며 미소를 짓고 있었습니다. 내가 이름과 주소를 비롯한 다른 사항들을 적어놓고 있는 줄 알고...하지만 나는 그런 걸 적고 있는 게 아닙니다. 미안합니다."

1-6 최고의 거짓말

열 살쯤 된 녀석들이 애완견 한 마리를 에워싸고 있었다.
지나가던 목사님이 아이들에게 무엇을 하고 있는 거냐고 물었다.
"이건 우리 동네를 임자 없이 다니는 개인데 다들 갖고 싶어 하기 때문에 누구든지 거짓말을 제일 잘 하는 사람이 갖기로 결정을 봤습니다."라고 한 녀석이 말 하는 것이었다.
목사님은 거짓말을 나무라는 일장의 설교를 했는데 그것은 "거짓말이 죄가 되는 줄 모르느냐"는 말로 시작하여 "아니, 나는 너희들 나이 때 거짓말이라고는 한 적이 없어"라는 말로 끝났다.
한 동안 쥐 죽은 듯이 조용했다. 그러다가 제일 작은 녀석이 크게 한숨을 쉬더니 "좋아 이 사람한테 줘야지 뭐"라고 했다.

1-7 정치가와 과학자

어떤 할머니가 크래무린에 와서는 공산당 서기장을 만나야겠다고 우겨댔다. 그 노인을 만나보기로 한 고르바초프는 "무슨 일로 오셨습니까?"하고 물었다.
"한 가지 궁금한 게 있어요. 공산주의는 누가 발명한 거죠.-- 정치가인가요? 아니면 과학자인가요?"
"정치가입니다."라고 그는 대답했다.
"그럼 그렇지. 과학자라면 우선 쥐를 가지고 실험을 해봤을 거라구요." 라고 할머니는 말했다.

1-8 성공의 비밀

　한 젊은 청년이 늙은 갑부에게 찾아가 어떻게 돈을 많이 벌게 되었는지 물었다.

　"음...1997년이었지 IMF 영향으로 내손에는 딱2만원이 있었다네. 난 그 2만원을 가지고 달걀을 샀지. 그걸 삶아 팔아 4만원을 만들었고 그 다음날도 3만원으로 달걀을 사서 삶은 달걀로 만들어 팔아 6만원을 만들고, 이렇게 한 달 동안 장사를 하였더니 수중에 3백만 원이란 돈이 들어 왔네. 청년은 흥미롭게 이야기를 들으며 물었다.

　"그래서요."

그러자 노인이 대답했다.

　"그때 우리 장인어른이 50억 재산을 남기고 죽었어."

1-9 진리는 단순하다

　철학과 윤리 교수님이 기말고사 시험 문제를 터억 던져 주셨는데 한 문제. "용기에 대해서 논하라"

　오픈 북 테스트였기 때문에 한숨소리 반쯤과 샤라락- 책 넘기는 소리 반쯤이 들려오던 그 순간.

　교실 저편에서 한 친구가 책가방을 들더니 시험지를 내고 당당히 나가는 것이었다. 당연히 조교를 위시한 모든 학생들의 이목이 집중됐다. 동시에 모두의 생각...

　"에구... 미친놈, 뭐라도 좀 쓰지."

　그러나 나중에 녀석한테 물어보니 그 녀석의 학점이 A.

다섯 글자로 끝내 버린 그 녀석의 답은 바로...
　"바로, 이.런.것."

1-10 용기와 분별력의 차이

"용기와 분별력의 차이는 무엇이오?"
"글쎄올시다. 최고급 식당에 가서 웨이터에게 팁을 주지 않고 나오는 것이 용기라 할 수 있겠지요."
"알겠소. 그러면 분별력은?"
"그건 그 다음날 다른 식당으로 갈 결단을 내리는 것이겠지요."

1-11 골프장에서 연못에 빠지다

골프장에서 카트가 연못에 빠졌는데 케디와 하급자는 살고, 상급자는 익사하였다.
"왜 일까요?"
"하급자는 머리를 들고, 상급자는 머리를 들지 않았기 때문이다."

1-12 돈까스의 비애

군대 식당에서 줄을 서 있는데 앞에서 웅성거리는 소리가 있어 무엇인가 하고 보니 부식으로 돈까스를 1인당 2개씩 나누어 준다는 것이었다. 그 대신 돈까스 소스는 없다고 했다.

부식병이 보급 받을 때 돈까스 한 박스와 소스 한 박스를 받아 온
다는 것이 실수로 돈까스 두 박스를 가져온 것이었다.
　약간 속이 울렁거림을 느끼면서 주영은 불평을 했다.
　"소스도 없이 돈까스를 두 개나 먹으란 말야? 구시렁...구시렁..."
·그 때 한 고참이 이렇게 말했다.
　"우리는 불평 할 필요가 없다. 얘들아, 분명히 지금 어느 부대에
서는 소스만 두 개 먹고 있는 애들도 있을끼다."

1-13 건방진 대가

　"미안합니다. 지배인은 계시지 않습니다. 무슨 용무이신지요?"
직원은 거만하고 권위가 있어 보이는 방문객이 사무실로 들어 왔을
때 물었다.
　"아니, 나는 아랫사람과는 상대하지 않아요." 방문객은 일언지하
에 말했다. 한 시간쯤 지나자 거만한 친구는 초조해졌다.
　"언재쯤에나 지배인이 올 것 같소?" 그는 항변조로 물었다.
　"약 2주일이죠. 그는 막 휴가를 떠났지요." 직원이 말했다.

1-14 광고의 역효과

　사업가 두 사람이 서로의 문제를 이야기하고 있었다.
　"그쪽에서 낸 광고는 효과가 있습니까?"
첫째 사업가가 물었다.
　"있다마다요. 지난주에 우리는 야간경비원을 구한다는 광고를 냈
는데 바로 이튿날 밤에 도둑을 맞았습니다."

상대편 사업가가 한탄조로 말했다.

1-15 한 다리가 길다

어느 고등학교 국어 선생님은 한쪽 다리가 짧았다.
장난꾸러기 학생이
"선생님은 왜 한쪽 다리가 짧아요?"
선생님 왈
"이 놈이 무식하기는 짧기는 왜 짧아, 한쪽 다리가 길지."

1-16 술 깨는 약

봉이는 저녁 내내 위스키를 마시고 있었다.
영업이 끝나고 폐점하기 직전에 그는 종업원에게 주문했다.
"술이 깨는 걸 좀 가져다주시오."
종업원은 싱긋 웃었다.
"알았습니다. 청구서 여기 있습니다."

1-17 발모제

"당신이 판 약은 털이 나지 않소. 이렇게 머리에 혹이 난 것을 보시
오." 그 약병을 손에 들고 본 약사는 깜짝 놀라며 고함쳤다.
"큰 일 났군! 내가 큰 실수를 했구먼. 이건 여자의 유방 성장제야!"

행복해 지는 방법 1

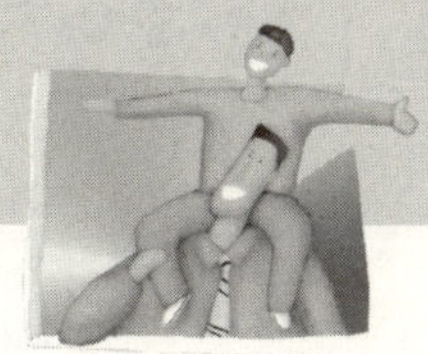

* 남을 웃겨라. 내가 더 행복해 진다.

* 만나는 사람마다 웃으며 대하라. 인기가 올라갈 것이다.

* 힘차게 웃으며 하루를 시작하라. 은총이 넘치는 날이 되리라.

사람이 사는 동안에 기뻐하며, 선을 행하는
것보다 나은 것이 없는 줄을 내가 알았고...
- 전도서 3:12-

1-18 동병상련

한 운전사가 자동차의 와이퍼 아래에 다음과 같은 쪽지를 붙였다.
"이 거리를 20분 동안 돌아 다녔습니다. 약속 시간에 늦어집니다.
여기에 주차하지 않으면 직장을 잃습니다. 주차 위반을 용서하십시
오."
그가 돌아 와서 보니 주차 위반 딱지와 다음과 같은 쪽지가 있었다.
"나는 이 거리를 20년 동안 돌고 있습니다. 이렇게 하지 않으면 직
장을 잃습니다. 유혹하지 마십시오."

1-19 다른 것은 모르지만

은행의 출납계원이 동일범으로부터 다섯 번이나 강탈을 당한 후
에, 연방 수사국의 담당관은 범인에 대해서 무엇인가 남다른 점이
없었는지를 이 출납 계원에게 물었다.
"있습니다. 녀석은 내가 볼 때마다 더 값비싼 옷을 입고 있더군
요."
출납계원은 대답했다.

1-20 알만 하군

신경질적으로 기침을 한 뒤, 고용인은 주인을 보고 말했다.
"저는 25년 동안을 함께 일해 왔습니다. 그런데도 저는 지금까지
한 번도 월급을 올려 달라고 하지 않았습니다."
"응, 용한씨, 그 때문에 자네는 나와 함께 25년을 같이 지낸 것이야."

주인이 대꾸 했다.

1-21 불문가지의 손님들

"담배를 피울 수 있소, 운전기사님?"
"피울 수 없습니다. 손님."
"그렇다면 여기 담배꽁초는 모두 어디에서 나온 거죠?" 승객이
물었다.
"그런 걸 묻지 않는 손님들에게서 나온 것입니다."

1-22 한민족의 자존심

일본에서 관광객이 놀러 왔다.
한국의 가이드가 그를 동물원으로 데리고 갔다.
먼저 호랑이를 보여 주었는데, 일본 관광객이
"한국 호랑이는 왜 이렇게 작습니까? 일본 호랑이는 집채만 합니
다."
열 받은 가이드가 이번에는 코끼리를 보여주었다.
그랬더니 일본 관광객 왈
"한국 코끼리는 왜 이렇게 작습니까? 일본 코끼리는 집채만 합니
다."
그래서 열이 잔뜩 오른 가이드가 맨 마지막 순서로 갔다.
거기에는 캥가루가 열심히 이리저리 뛰고 있었다.
일본 관광객이 물었다.
"저건 뭡니까?"
그러자 가이드가 말했다.

"저건 한국 메뚜기 입니다."

1-23 전 아닌 데요

　다니엘 학교 차 속에 타고 있는 애들은 정신적, 육체적 장애가 있는 아이들이었다.
　한 여고생이 즐거운 마음으로 집으로 가는데 다니엘 학교차가 지나가고 있었다. 그러나 그 여고생은 그 차가 다니엘학교 차인지 모르고 있었다.
　차는 잠시 신호에 걸려 멈춰 있었다. 차 속에 있던 남자애와 눈을 마주치는 순간 그 남자애는 여고생에게 가운데 손가락을 펴서 오른손, 왼손 바꿔 가면서 위, 아래로 흔들면서 약을 올리는 것이었다.
　그걸 본 여고생은 화가 났지만 참고 있다가 다음날 학교차가 가고 있을 때, 차를 따라 뛰면서 그 남자애가 했던 것처럼 똑같이 오른손, 왼손, 위, 아래 바꿔가며 그 남자애를 향해 그 차를 향해 마구 뛰었다.
　운전을 하면서 그 여고생을 보게 된 나니엘학교 운전기사가 갑자기 차를 멈추고 내리더니 여고생의 목덜미를 잡으며 말했다.
　"야! 너, 언제 내렸어? 얼른 타!"

1-24 돈의 위력

　제2차 대전 당시 영국의 유명한 수상이었던 처칠이 어느 날 밤 전세계에 중요한 방송을 하기로 되어 있었다. BBC 방송국에 가려고 런던의 서쪽 외각지역에서 택시를 불러 세웠다. 목적지를 말하자
　"선생님 죄송하지만 다른 차를 이용해 주십시오. 그렇게 멀리는

가지 못합니다. 다름 아니라, 처칠수상께서 오늘 밤 방송을 하신답
니다."라고 정중히 승차를 거부했다.   기분이 좋아진 처칠 수상은
그 자리에서 1파운드를 꺼내어 운전사에게 팁으로 주었다.
그러자 운전사는 흡족해서 처칠에게 다음과 같이 말했다.
　"타십시오. 처칠 따위가 무엇이라 하던 무슨 상관이야."

1-25 그가 수상하다

　교도소에 들어 온지 얼마 안 된 죄수가 어느 날 불현듯 삭발을 하
고는 자기의 생 이빨을 3개나 뽑았다. 그러더니 며칠이 지나서 교도
소 주방에서 일을 하다가 손가락 하나를 칼에 베고 말았다.
　또 며칠이 지난 어느 날, 그는 심각한 복통을 호소하며 맹장 수술
을 받게 되었다. 그러자 담당 교도관은 심각한 얼굴로 자기 동료에
게 경고 하듯 말했다.
　"이봐, 저 친구를 잘 감시해. 아무래도 자기 몸을 조각조각 분리
해서 밖으로 내보내고 있는 것 같아."

1-26 정원 초과

　타이탄호가 파선 된 후 30명 정원인 구명보트에 33국인이 타게
되었다. 누군가 3명은 내려야 나머지 사람이라도 사는데 서로 눈치
만 보고 있었다. 먼저 신사의 나라 영국인이 뛰어내렸다. 뒤 이어 미
국인이 뛰어 내렸다.
　나머지 한 국인이 내려야 되는데 한국인은 우리 아닌가? 한국인
이 자리에서 일어나더니 일본 사람을 밀어 바다에 빠트렸다.

1-27 박찬호와 피아자

박찬호와 한 바탕 하고 온 피아자는 목이 말라서 냉장고를 열고 물을 마시려고 했다.
그런데 냉장고 안에 조그마한 호박 한 덩이가 보이는 것이 아닌가.
이것을 본 피아자가 하는 말
　　"찬 호박"

1-28 세월

박찬호가 피츠버그 파이리츠 전 2회 말 강속구를 던졌다.
하일성; 159Km, 정말 1년에 한 번 보기 힘든 강속구가 나왔습니다.
정도영; 아! 그렇습니까?
그런데 6회 말에 박찬호는 159Km짜리 강속구를 또 던졌다.
정도영; 하일성씨, 정말 세월 빠르군요. 벌써 1년이 흘렀네요.

1-29 오늘은 두 박스

펩시맨이 어느 날 슈퍼에 갔다. 펩시콜라 6개들이 한 박스의 값은 4,800원 펩시맨은 특유의 표정으로 100원짜리 동전 48개를 바닥에 확 뿌리고 콜라 한 박스를 들고 나왔다.
주인은 어이없고 화났지만 꾹 참고 동전을 주워 일일이 셀 수밖에 없었다.
그 다음 날도 펩시맨은 동전만 잔뜩 가지고 슈퍼에 와서는 동전을 확 던지며 "펩시 한 박스"라고 하는 것이다.

화가 날 대로 난 슈퍼 주인은 다음번에 꼭 복수를 하리라 마음먹었다. 그러던 어느 날, 펩시맨이 만 원짜리 한 장을 들고 왔다. 주인은 이때다 하고 회심의 미소를 지으며 거스름돈 5,200원을 100원짜리로 골라 바닥에뿌렸다.

이때 펩시맨은 바닥에서 여유 있게 동전 4개만을 주우면서 하는 말 "오늘은 두 박스."

1-30 엽기 이병

훈련을 마치고 자대에 배치된 봉이는 내무반 생활에 적응할 때쯤 새벽만 되면 고참이 잠을 깨웠다.

"야, 임마!" "넷, 이병 손 봉이"

"너 가서 라면 하나 끓여 와라."

"옛, 알겠습니다."

눈을 비비며 정성스럽게 라면을 끓여 대령했다.

"우쒸... 국물하나 안 남기고 다 묵네.

국물이라도 좀 남겨 주지..." 다음 날에도 그 다음 날에도 또... 드디어 이등병도 열 받았다. 냄비에 물 대신 하룻밤 동안 꾹 참은 오줌을 모았다.

그리고 라면을 넣고 요리를 완성했다.

"추 병장님! 라면 여기 있습니다."

"흠 딱이다. 넌 이제부터 내 전속 취사병이다."

"그래? 내 오줌 탕 한번 먹어 봐라." 봉이는 쾌재를 불렀다 그런데.

"아, 갑자기 속이 안 좋다. 야, 손 이병 이거 니가 먹어라."

으악- 난 그날 새벽 내 오줌으로 끓인 라면을 고참이 지켜보는 앞에서 국물 하나 남기지 않고 다 먹어야 했다.

칭찬하며 살자

학자들은 "칭찬을 받는 사람보다 하는 사람의 행복지수가 훨씬 높아

진다"고 한다. 칭찬이란 본질적으로 다른 사람을 따뜻한 마음과 시선으

로 보려는 태도인데 이것이 바로 행복의 근원이자 동력이라 한다.

1-31 보험료

　보험금 타먹기 명수인 한 변호사와 농부가 함께 낚시를 하고 있었다.
변호사가 먼저 농부에게 자신의 사정을 이야기하기 시작했다.
　"제가 여기 올수 있었던 것은 우리 집에 불이 나서 제가 소유했던 모든것이 불에 타버렸기 때문입니다. 그런데 그것들의 보상금을 전부 보험회사에서 지불해 주더군요."
　"그것참 우연의 일치로군요. 저도 여기 올수 있었던 것은 저희 집과 모든 재산들이 홍수로 떠내려가 버렸기 때문이거든요. 그런데 선생님과 마찬가지로 그 보상금을 보험회사가 모두 지불해 주었습니다."
그러자 변호사가 말했다.
　"거참 대단하십니다. 어떻게 홍수까지 일으킬 수 있습니까?"

1-32 허풍도 재치가 있어야

　경재불황으로 집을 보러 다니는 사람들이 없어지자 부동산중개인들은 하루에 한 건이라도 올리려고 눈에 불을 켰다. 그날 역시 집을 보러 온 분에게 갖은 말과 애교를 부려가며 허풍을 떨고 있었다.
　"이 동네는 정말이지 너무나도 깨끗하고 아름다운 곳이랍니다. 공기를 한 번 맡아보세요. 너무 신선하고 쾌적하죠? 그래서 그런지 여기에 사는 사람들은 절대 병에 걸리지 않아요. 그래서 죽는 사람이 없답니다. 어떠세요? 계약?"
　바로 그때 장례 행렬이 집 앞을 지나가는 것이었다. 당황한 중개인, 하지만 그는 침착하게 행동했다.

"쯧쯧쯧... 가엾은 의사 선생! 환자가 없어서 굶어죽다니..."

1-33 음주 테스트

야간 업소에서 묘기를 하는 사나이가 저녁에 차를 몰고 업소로 가다가 불심 검문을 받았다. 경찰이 트렁크를 열어 보니 칼이 여러 자루 들어 있었다. 이를 수상이 여긴 경찰이 사나이 더러 내리라고 했다.

차에서 내린 사나이는 자신은 야간업소에서 칼로 묘기를 부리는 전문곡예사라고 설명했으나 경찰은 믿어지지 않는 듯 시범을 보이라고 했다.

그러자 사나이는 칼 네 자루를 공중에 돌리면서 자기 손으로 받는 멋진 묘기를 보여줬다. 그때 그 뒤에 다른 차가 한 대 섰는데 그 차의 운전자는 그 광경을 보더니 혼자말로 중얼거렸다.

"술 끊기 잘했지! 갈수록 음주 테스트가 어려워지니..."

1-34 뭐하는 인간 이냐

그날은 에어콘도 고장 나고 강의실은 정말 찜통 이었다. 교수님도 짜증나고 학생들도 짜증나고 모든 것에 신경이 곤두선 그런 날, 강의가 시작 되고 30분쯤 지나서 한 학생이 강의실 뒷문을 힘차게 열고 아무 일 없다는 듯이 들어 왔다.

때 묻은 가방을 매고 방금 일어나서 나온 것 같이 땀을 뻘뻘 흘린 얼굴이었다. 그렇지 않아도 더워서 짜증이 날 대로 난 교수님은 정말 열받은 거 같았다.

강의실에 있는 모든 학생들은 속으로 '된통 걸렸군, 저 친구 오늘 일진이 정말 안 좋네.' 라고 생각 했다.

교수: (책상에다 책을 탕하고 치며) 이봐. 자네 지금 몇 시인 줄 아나? 여기가 누구나 맘대로 드나드는 시장 바닥인 줄 알아?

학생: (별로 미안하지 않은 얼굴로) 저 차가 막혀서요.

교수님: (정말 열 받으셨는지 말을 더듬더듬) "자네는 도대체 뭐 하는 인간이야, 뭐하는 인간이냐고?"

그랬더니 학생이 하는 말

수리공: "저 에어컨 수리하러 왔는데요."

1-35 할머니들 미국 여행담

할머니 두 분이 미국여행을 갔다가 돌아오면서 나누는 대화.

"미국이란 디가 증말 재미는 있더구만 그려. 근디 그 중에서도 그 년들 개년이(그랜드케년)이 제일 볼만혔지."

"아녀, 뒤질년들(디즈니랜드)이 더 재미 있었당께."

1-36 일본 사람 때문에

미국인, 한국인, 일본인 세 사람이 항해를 하던 중 배가 난파되어 식인종이 사는 섬에 상륙했다.

식인종들은 세 사람을 모아 놓고 숲 속에서 과일을 아무거나 10개씩 따오라고 명령했다. 만일 웃거나 울거나 하면 죽임을 당 할 것이라는 조건과함께 ,맨 먼저 미국인이 사과 10개를 따가지고 왔다. 그러자 식인종들은 따온 그 사람에게 그 사과를 똥구멍 속으로 넣으라고 했다.

　미국 사람은 4개를 넣고는 아파서 울다가 죽임을 당했다.

　한국인은 딸기 10개를 따왔다. 그리고 9개를 넣고 나머지 1개를 남기고 웃다가 죽임을 당했다.

　저승에서 미국 사람과 한국인이 만났다. 미국 사람이 한국인에게 물었다.

　"너는 그 때 살 수 있었는데 왜 웃었나?"

　그러자 한국 사람이 말했다.

　"마지막 한 개를 넣으려는데 일본 사람이 파인애플 10개를 따가지고 나오잖아."

2장

큐 스

(일반, 영어와 성경)

◆

유머는 한 줄기 시원한 여름 소나기처럼 대지와 대기
그리고 당신을 모르는 사이에 정화시켜준다.

- 랭스턴 휴스 -

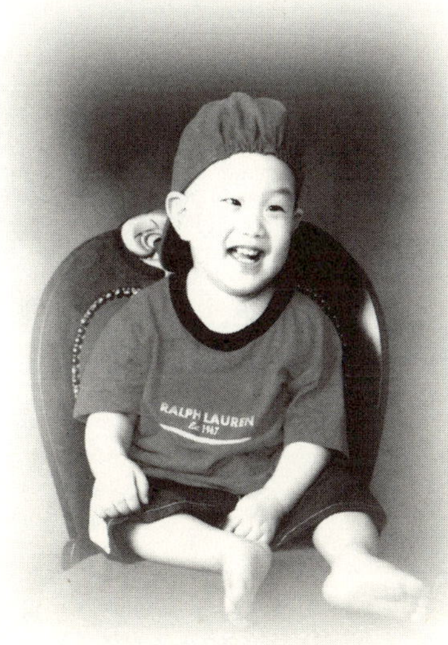

항상 기뻐하라.
쉬지 말고 기도하라.
범사에 감사하라.
이는 그리스도 예수 안에서 너희를
향하신 하나님의 뜻이니라.

- 살전 5:16-18 -

2-1 퀴즈

* 남자가 여자보다 우월한 이유

  남자는 여자 화장실을 쓸 수 있으나 여자는 남자 소변기를 쓸 수 없다.

* 소리를 내는 귀는 – 방귀

* 가만히 있어도 가는 것은 – 시계

* 태어나기 전에도 먹고, 죽어서도 먹는 것은 – 닭

2-2 소리를 지르는 이유

* 오페라에서 소프라노가 높은 소리를 지르는 이유는 ?

  지휘자가 막대를 가지고 휘두르기 때문이다

22-3 황당과 당황

* 트럭 뒤에 가서 소변을 보는데 차가 앞으로 가면 당황하고, 뒤로 오면 황당하다.

  황당; 라이타 불에 앞머리를 태워 버렸을 때

  당황; 통째로 떨어진 담배 불똥이 어디로 갔는지 발견 되지 않을 때

2-4 수수깨끼

* 8의 반은 – 0

* 말 못하는 입은 – 하구

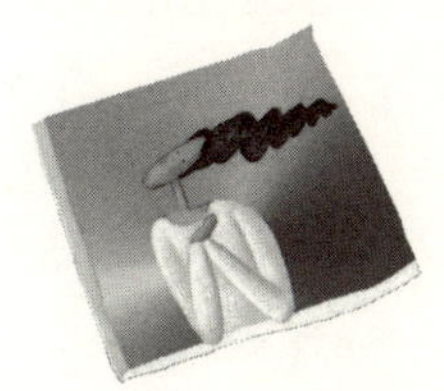

2-5 비관자와 낙천가

IMF로 한참 어려울 때

* opportunity is nowhere – 비관자

* opportunity is now here – 낙천가

2-6 영어 퀴즈

* man 복수는 men

* 아이의 복수는 twins

* he의 목적격은 she

* boy의 미래 시재는 oldman

* ill의 미래 시재는 dead

* 아기에게 먹이기 위해 사과를 수저로 팠다 무엇이 남습니까?

  파인 애플

* 애낳다 죽은 여자는 ? – 다이애나

* 가르마를 영어로는 ? – Headline

* 자전거를 못 탄다.를 5자로 표현 하면 – 못타사이클

* '아름다움' 은 영어로 Beautiful이다. 그러면 티 없이 아름다움은?

Beauiful

* 호랑이는 영어로 Tiger이다 그러면 이가 빠진 호랑이는 무엇이라

  하는가? Tigr

* 삶은 계란은 ? Life is egg.

* 우리말과 영어가 같은 말은 ? 기부(금), Give

2-7 이런 여자들

* 남의 등쳐먹고 사는 여자는? – 안마사

* 다방에 가면 늘 창 없는 구석에 앉는 여자는? – 창피한 여자

* 한 겨울에 미니스카트에 스타킹도 신지 않고 다니는 여자는?

  철없는 여자

2-8 퀴즈

* 젖소와 강아지가 싸우면 누가 이길까? – 너 졌소? 나 강하지

* 타이타닉의 구명보트에는 몇 명이 탈수 있을까? – 9명(구명보트)

* 장님도 볼 수 있는 것은? – 꿈, 맛

* 어느 여고에서 체육시간에 피구를 하다가 여학생이 한명 죽었다.

  왜 죽었을까? – 금을 밟아서

* 머리 감을 때 제일 먼저 감는 곳은? –눈

* 소가 들판에서 동쪽을 향해 풀을 뜯고 있다. 꼬리는 어느 쪽을 향하였을까? - 땅

* 정말 눈 코 뜰 새 없이 바쁠 때는? - 머리 감을 때

* 치고도 못 쳤다고 하는 것은? - 못박기

* 호프로는 맥주를 만들고, 엿기름으로는 감주를 만든다. 그러면 돈으로는 무엇을 만들까? - 물주

* 발 벗고 나서야 할 수 있는 일은? - 발 씻는 일

* 하늘에 별이 없으면 어떻게 될까? - 별 볼일 없다

* 노처녀가 사촌이 땅 사는 것 보다 더 배 아픈 것은? - 사촌이 시집갔을 때

* 커피를 저을 때 미국 사람은 삼각형으로, 일본 사람은 아래위로, 우리나라 사람은 원으로 젓는다. 그 이유는? - 설탕과 크림을 녹이려고

* 고속도로를 제한 속도를 초과 하여 달리던 운전자가 멀리서 달려오는 경찰차를 보고 무엇인가 떨어트리고 말았다.. 무엇을 떨어 뜨렸을까요? - 속도

* 의사들이 수술 할 때 마스크를 쓰는 이유는? 실패해도 환자들이 얼굴을 기억 할 수 없도록

* 나포래옹 장군이 "앞으로!"하고 큰 소리로 외쳤으나 군사들은 꼼짝도 하지 않았다. 이유는? - 한국말을 몰라서

* 대머리 남자가 되는 이유는? - 여자 꼬실려고 잔머리 많이 굴려서

* F16보다 성능은 약하지만 날아다니는 파리까지 쏘아 떨어뜨릴
  수 있을 정도로 정확성을 자랑하는 우리나라의 무기는 과연 무엇
  일까 ?
  F 킬라

2-9 딸만 가진 부모가 제일 싫어하는 성경 구절

  요한 일서 5장 12절 전반 절
  "아들이 없는 자에게는 생명이 없고,"

2-10 황새가 한 다리로만 서 있는 이유

* 겨울 추운 날씨에 황새가 논에서 한 다리로만 서 있다 그 이유는?
  두 다리를 다 들면 넘어 지니까.

* 황새 다리 무릎 관절에는 온도를 차단하는 장치가 있어 동상을 방
  지한다. 그래도 춥기 때문에 다리를 바꾸어 가며 서 있는 것이다.
  – 진짜 이유

2-11 나포래옹이 빨간 혁대를 한 이유

  혁대를 안 매면 바지가 내려가기 때문이다.

2-12 제일 아름다운 말은?

"교인들에게 있어 제일 아름다운 말은?"
"전도(Evangelism)이다."

2-13 앞뒤가 틀린 말

* "이제 그만 자요."
  "아직 잠자리에 가지도 않았는데 그만 자라니!"

* "문 닫고 나가요."
  "문을 닫고 어떻게 나가란 말이요?"

2-14 이기주의

* 단체 사진에서 잘 나온 사진의 기준은?
  자기 얼굴이 잘 나 왔으면 사람들은 사진 잘 나왔다고 한다.

2-15 초등학교 학생들

선생님: "만유인력을 발견 한 사람은?"
학   생: "그 사람 죽었습니다."
선생님: "불행한 일이 겹쳐서 일어나는 것을 네 글자로 표현 하면?"
학   생: "설사가 또."

선생님: "부모님은 왜 우리를 사랑하실까요?"
학 생: "그러게 말입니다."

2-16 0과 8

뚱뚱하다고 놀림을 받던 "0"이 "8"에게 다가가서 부러운 듯이 말
했다.
"어디서 그렇게 좋은 혁대를 구했냐구."

2-17 영어 단어

제일긴 영어 단어는 ?
S-mile-S

I love you의 수동태는 ?
 you love me

bad의 비교급과 최상급은 ?
very sick, dead

dilicious의 비교급과 최상급은 ?
very dilicious, M-M-M

영어 문장 중 가장 긴 것은 ?
To prison for life

차4대가 나란히 서 있는 것은 ?
four cars

쥐가 네 마리 있는 것은?   쥐포

2-18 숫자를 이용한 영어 철자 법

4get, be4, there4, where2, ask 4 it.

2-19 실패, 또 실패 실패를 감고 사는 사람 누구일까요?

방직 공장 직원.

2-20 손가락은 왜 다섯 개 입니까?

장갑 구멍이 다섯 개 라서

2-21 버들잎 두 개와 대나무 잎 한 개

옛날 문맹 인이 많을 때의 이야기입니다.
아버지 집에서 글을 모르는 아들에게 편지가 왔는데 뜯어보니 버들
잎 두 개와 대나무 잎 하나가 있었습니다. 아무리 생각해도 알 수가
없어 동네 훈장에게 그 해독을 부탁 했습니다.
해석은 무엇이라고 생각하십니까?

"부친께서 돌아 가셨네. 버들, 버들 떨다가 죽었구만.

3장
여자와 남자

◆

그대의 마음을 웃음과 기쁨으로 감싸라.
그러면 1천 해로움을 막아주고 생명을 연장시켜 줄 것이다.
- 윌리암 세익스피어-

이에 내가 희락을 칭찬하노니, 이는 사람이 먹고 마시고
즐거워하는 것보다 해 아래서 나은 것이 없음이라
- 전도서 8:15 -

3-1 방귀

남자가 여자들 보다 방귀를 자주 뀌는 이유는?
여자들은 가스가 차있을 만큼 입을 다물고 있지 않기 때문이다.

3-2 화장실

시골 할머니들이 미국 관광을 하던 중 공중 화장실로 갔다.
남자 화장실은 Gentlemen, 여자 화장실은 Ladies로 표시되어있어
긴 것은 남자 짧은 것은 여자 화장실 이라고 알려주었다.
그런데 다음 화장실에서 일이 벌어졌다. Men, Women으로 되어 있
었기 때문이다.

3-3 여자의 호기심

"1205호실인데 저편 방에서 남자가 실오라기 하나 걸치지 않은
알몸으로 걸어 다니고 있으니 이거 정말 끔찍해요"
여자가 노기등등해서 전화로 항의했다.
"당장 경비원을 올려 보내겠습니다."라며 지배인은 그 여자를 달
랬다. 그 여자 방으로 들어간 경비원은 건너편을 살펴봤다.
"그렇군요. 신사분이 옷을 홀랑 벗었네요. 하지만 창턱에 가려 허
리 아래로는 보이지를 안는 데요"
"침대 위에 올라서 봐요. 침대위에" 여자는 버럭 소리를 질렀다.

3-4 여성 여러분

"남녀평등을 주장하려면 우선 서울의 동네 이름인 신사동, 효자동, 남성동, 군자동,등을 개명을 하거나 아니면 그에 상응할 동을 만들어 보시오."

3-5 횡재

닉은 친구인 조지와 함께 차로 스키장에 가다가 눈보라를 만났다. 한 농가를 찾아 미모의 여주인에게 하루 밤 묵자고 했다.

"최근에 남편을 잃은 몸이라 당신들을 재웠다간 동네에서 말들이 많을 겁니다."라며 거절하는 것이었다. 그래서 그들은 그 집 헛간에서 잤다.

9개월 후 닉은 그 과부의 변호사로부터 편지를 받고는 조지에게 전화를 걸었다. "그 농장의 예쁜 과부 기억나지?"

"그럼 기억 하지"

"자네 밤중에 그 집에 들어가서 그녀와 관계 했었나?"

"그랬었지"

"그리고 자네 이름이 아니라 내 이름을 사용했던 거야?"

"그랬던 거 같아"

"정말, 고맙네"닉은 전화기에 대고 절을하며 말했다.

"이거 대단히 고맙네,

  그 여자가 죽으면서 농장을 나에게 물려 줬지 뭐야."

3-6 성감별

남편이 파리채를 들고 어슬렁거리고 있었다.

"당신 뭘 하는 거 에요?"아내가 물었다.

"파리를 잡고 있잖아"라고 남편은 대답했다.

"그래 잡기는 했어요."

"그럼 잡았지 수컷 셋하고 암컷 둘하고"

그걸 어떻게 알아요."라고 호기심에 사로잡힌 아내가 물었다.

"세 마리는 맥주 깡통에 붙어 있었고, 두 마라는 전화기에 붙어 있었거든."

3-7 새 엄마

병든 아버지가 죽으면 큰 재산을 물려받기로 되어 있는 철수는 그 부를 함께 누릴 여자가 있어야 되겠다고 마음먹었다.

독신 남자들이 단골로 다니는 바에 간 그는 기차게 예쁜 여자를 발견 하였다. " 나는 그저 평범한 남자입니다."라고 그는 여자에게 다가가서 말했다.

"그렇지만 한 두 주 지나 아버지가 죽으면 200억을 상속하기로 되어 있어서 그것을 함께 할 사람을 찾고 있어요."

여자는 철수와 함께 그의 집으로 가서는 그 이튿날 그의 계모가 되었다.

3-8 여자들이 싫어하는 여자

10대: 예쁜데 공부도 잘 하는 여자

20대: 성형수술 했는데도 티도 안 나고 예쁜 여자

30대: 결혼 전에 오만 짓 다하고 신나게 놀았는데 시집가서 잘 사는 여자

40대: 골프치고 놀 것 다 놀고 쏘다니는데 자식들이 대학 척척 붙는 여자

50대: 먹어도, 먹어도 살 안찌는 여자
60대: 건강도 타고 났는데 돈복도 타고난 여자
70대: 자식들의 효도도 극진한데 남편까지 멀쩡하게 살아 호강하는 여자
80대: 아직도 곱게 늙은 여자

3-9 천생연분

선을 보는 자리에서 상대 여자에게 자기소개를 하였다
"안녕하세요. 저는 '전철' 입니다."
그러자 여자가 갑자기 웃음을 터뜨렸다. 왜 웃느냐고 묻자 그녀가
말했다. "실은 제 이름이 '이 호선,입니다."
이름은 '신중' 이요, 성은 임 인자가 있었다.
그가 선을 보는 자리에서 자기를 소개 했다.
"안녕하세요, 저는 '임 신중' 입니다.
그녀가 갑자기 웃음을 터뜨렸다. 왜 웃느냐고 묻자 그녀가 말했다.
"실은 제 이름이 '오 개월' 입니다."

3-10 누가 있어야지

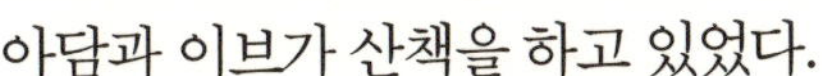

아담과 이브가 산책을 하고 있었다.
이브 : "당신 나를 사랑해요?"
아담 : "누구 다른 여자가 있어야지."

3-11 남여 차이

남자가 많은 곳에서는 여자는 여왕이 되고, 여자가 많은 곳에서는 남자는 왕따가 된다.

남자들이 모이면 여자 얘기를 꺼내고, 여자들은 자식 얘기부터 시작한다. 남자는 사랑의 대상에, 여자는 사랑의 결과에 집착하기 때문이다.

남자의 욕망은 출세, 여자, 돈, 세 가지 지만, 여자의 욕망은 출세해서 돈 많은 남자를 얻는 것 하나다.

남자는 바쁨에서 엘리트임을 의식하고, 여자는 자신의 한가함에서 엘리트임을 의식한다.

여자는 사람 앞에서 울고, 남자는 사람이 없는 곳에서 운다.

3-12 나도 마찬가지

키스를 하려는 남자에게 여자가 말했다
"안돼요! 저는 아직까지 남자에게 키스한 적이 없어요."
남자, "흥 그런 걸 너무 뽐내지 말아요. 나도 아직 남자에게는 키스한 적이 없어요."

3-13 여자는 휘파람을 좋아해

커브에서 끼어들려는 여자 운전자를 보고 힘껏 휘파람을 불었다.

그러자 여자는 앞서 가라고 양보 하였다.
 옆에 탄 친구가 경적 대신 왜 휘파람을 불었느냐고 물었다.
 "약 절반 정도의 여자들이 경적 소리에는 아랑곳도 않지. 그러나 남자가 휘파람을 불 때 돌아보지 않는 여자는 하나도 없다네." 운전자가 대답했다.

3-14 이상과 현실

 "나는 사랑하며 마음에 드는 젊은 여자와 결혼 할 건지, 아니면 나이는 많으나 돈이 많은 여자와 결혼 할 건지 결정하지 못하고 있네 그려"
 "자넨 마땅히 자네 마음의 소리에 귀를 기울이고, 자네가 사랑하는 여자와 결혼을 해야 하네. 그건 그렇고 그 나이 먹은 여자의 주소를 좀 말해주게."

3-15 요술 램프

 어떤 남자가 길을 가다가 요술 램프를 주었다.
 그 남자는 책에서 본 대로 요술 램프를 문질렀다.
 그러자 램프의 요정이 나와 "소원 한 가지만 들어 드리겠습니다." 하고 말했다. 그래서 그 남자는 고민에 빠졌다.
 돈과 여자와 결혼을 모두 갖고 싶었기 때문이다.
하는 수 없이 모두 불러서 나오는 것을 갖기로 하였다.
 "돈, 여자, 결혼!"
그러자 그 남자는 "돈 여자와 결혼 했다."

* 옛날 즐거웠던 일을 회상하며 웃어라. 감사한 마음이 생기리라.

* 웃기는 사람이 되어 보라 누구에게나 환영 받는다.

* 집에 들어 올 때 웃어라. 가족이 모두 행복하게 된다.

나는 기뻐하고 너희 무리와 함께 기뻐하리니 이와 같이
너희도 나와 함께 기뻐하라.
- 빌 2:17-18 -

3-16 그렇다면야

"우리 집 마누라는 밤마다 바와 나이트클럽에 간다네."
"왜 그걸 그냥 두는가? "
"날 찾으러 다닌다네."

3-17 어느 쪽이 옳은가?

A: "속았다고 많은 사람이 이혼 하는 것 같아"
B: "꽁 깍지가 씌워서 많은 사람이 결혼 하는 것 같아"

3-18 말 많은 숙녀

  멋지게 차려 입은 부인이 일반 버스를 타고 앉아 있는데, 얌전해
보이는 청년이 들어오다가 공교롭게도 부인의 옷을 밟고 말았다.
  부인은 10분 동안이나 청년에게 잔소리를 퍼부어댔다. 그리고는
"신사라면 사과했을 거예요."라고 말하며 부인이 말을 맺었다.
"숙녀라면 저에게 말할 기회를 주었을 겁니다."
  청년은 절을 하며 조용히 말했다.

3-19 초보 운전 아줌마

  초보 운전이란 표어를 달고 첫 운전을 하던 아주머니가 다른 차
들의 크락션 소리와 "밥이나 할 것이지 어딜 기어나와 가서 밥이나

해" 라는
다른 운전자들의 욕을 듣고,
 "쌀 사러 간다. 왜?"

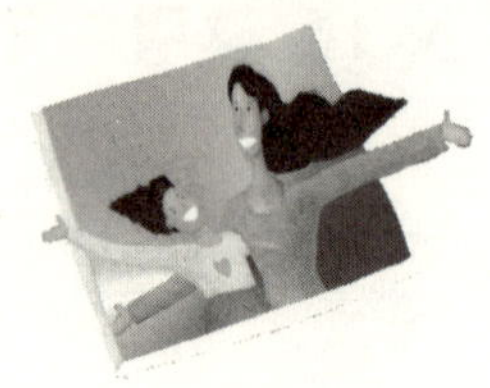

3-20 너 같은 건

한 중년 신사가 운전을 하다가 신호에 걸려 서 있는데 옆 차선에
나란히 서 있는 차 안의 여자가 자기가 좋아하는 타입이었다. 혹시
나 해서 자기 차의 창을 내리고 여자에게 신호를 보냈다.
이상하게 생각한 여자가 창을 내리자 남자가 말했다.
"저기 앞에 가서 차나 한 잔 할 수 있을까요?"
여자는 아무 대답 없이 출발하였다. 다음 신호등에서 또 나란히 섰다.
그런데 이번에는 여자가 창을 내리고 남자에게 신호를 보냈다. 야호!
남자가 쾌재를 부르며 창을 내리자 여자가 말했다.
"너 같은 건 집에도 있다."

3-21 애인과 노트북의 공통점

가볍고 얇을수록 좋다.
부속장치(악세사리)를 달아 줄 때마다 더 나은 성능을 제공한다.
이 정도면 됐겠지? 하면 돈이 또 들어간다.
누군가 내 것을 만지고 있으면 괜히 열 받는다.
말을 안 듣는다고 때리면 100% 내 손해다.
열 받으면 빨리빨리 조심조심 식혀줘야 한다.
그리고 싶지 않아도 계속 남의 것과 비교하게 된다.

3-22 이해의 차이

동물애호가인 딸이 자신의 엄마가 외출을 앞두고 값비싼 모피코트를 차려 입는 것을 보고는 이렇게 말했다.

"엄마, 엄마가 입고 있는 그 코트 때문에 어떤 동물은 매우 심한 고통을 당했겠죠?"

그 말을 들은 엄마가 대학생 딸을 힐난의 눈초리로 쏘아 보았다.

"입 다물지 못해! 아빠더러 동물이라니..."

3-23 곰보와 갈보

얼굴이 곰보인 총각이 장가를 못 가서 안달을 하다가 주인집 아줌마의 소개로 제법 그럴싸한 아가씨를 만났다. 그런데 알고 보니 그녀는 변두리 대폿집에서 다목적으로 일을 하던 아가씨였다.

곰보 총각은 장가가고 싶은 욕심에 눈 딱 감고 데이트를 신청했다.

그렇게 공원 등을 함께 다니다가 배가 고파서 식당에 들어갔다.

웨이터: 무엇을 주문하시겠습니까?

아가씨: 전 갈비탕이요.

총각: 저는 곰탕으로요.

웨이터: 보통 이요? 특이요?

둘이 모두 '보통이요.' 라고 대답하자, 웨이터가 주방에다 대고 소리쳤다.

"여기 2번 테이불에 갈보 하나, 곰보 하나요..."

곰보 총각은 화가 엄청 나서 눈에 쌍심지를 켜고 따졌다.

"누굴 보고 곰보고 갈보라는 거야? 손님한테 무슨 말이 그래?"
웨이터가 눈이 똥그래져 말했다.
"왜 그러세요? 곰탕 보통이 곰보이고, 갈비탕 보통이 갈보인데요?"

3-24 이상한 장례 행렬

아내 앞에만 서면 주눅이 들던 사내가 하루는 길을 가다가 장례 행렬과 마주쳤다. 상주인 듯한 사내는 씩씩거리는 개 한 마리를 끌고 행렬 맨 앞에 서 있고, 그 뒤에 가족들, 또 그 뒤엔 남자 2백여 명이 줄지어 따르고 있었다.
"상당히 대단한 사람이 죽었나 보군" 하고 생각한 사내는 궁금한 나머지 상주를 붙잡고 물었다.
"누가 돌아가셨지요?"
"내 마누라요."
"아니, 어쩌다가...?"
"글쎄, 우리 집 개가 지 주인도 몰라보고 그만 물어 죽였지 뭐요."
순간 사내는 귀가 번쩍 뜨였다.
"저, 그 개 좀 빌려주실 수 없습니까?"
그러자 상주는 행렬의 맨 끝을 가리키며 말했다.
"그래요? 그럼 저기 맨 뒤에 가서 줄을 서요."

3-25 관계자 외 출입 금지

산부인과 병원에 임산부가 실려 왔다.
소리를 고래고래 지르며 실려 가는 그 임산부 옆엔 남편으로 보이는 남자가 있었다.

"여보! 여보! 조금만 참어!"

"아아아악…"

임산부를 실은 침대가 분만실로 들어가자 남편이 같이 들어가려 했다. 그때 간호사가 관계자 외 출입금지이니 밖에서 기다리라고 했다.

그러자 그 남편이 정색을 하며 말 했다.

"보소, 내가 바로 그 관계자 잉기라…"

3-26 못생긴 여자

한 여자가 숨을 헐떡이며 황급히 파출소로 달려와서 경찰에게 말했다.

"어떤 남자가 자꾸 절 따라오면서 말을 걸려고 해요. 술이 많이 취한 것 같아요."

그러자 경찰이 그 여자를 위 아래로 자세히 살펴보더니 하는 말.

"그 사람 술이 취한 게 틀림없군요."

3-27 세일즈맨의 접근법

세일즈맨이 사장의 집을 직접 방문해서 오늘은 거래를 성사시켜 보려는 맘으로 대문의 초인종을 눌렀다. 그랬더니 너무나도 아름다운 여인이 문을 열고 나오는 것이었다.

세일즈맨: "안녕하십니까? 부인, 사장님을 만나 뵈러 왔습니다. 지금 안에 계신가요."

부인: "이를 어쩌죠? 지금 그 사람은 외국으로 출장을 가셨는데

요. 아마 족히 일주일은 걸려야 돌아올 겁니다."

그러자 세일즈맨은 한참 앞에 서 있는 그녀를 바라보더니 한숨을 쉬며 그녀에게 물었다.

세일즈맨: "안으로 들어가서 기다리면 안 되겠습니까?"

3-28 내 권한 밖

젊고 예쁜 아가씨가 산속을 지나가다가 호수의 물이 너무 맑고 깨끗하여 갑자기 수영이 하고 싶어졌다.

주위를 둘러보고 아무도 없다고 확인한 그녀는 옷을 벗기 시작했다. 마지막 옷까지 다 벗고 호수에 막 들어가려고 하는데 갑자기 어디선가 관리인이 뛰어나왔다.

"아가씨, 여긴 수영이 금지되어 있슈..."

그녀는 놀라서 몸을 가리며 말했다.

"그럼 옷을 벗기 전에 말을 해 주셔야죠."

그러자 관리인.

"옷 벗는 건 내가 말릴 권한이 없슈..."

3-29 꿩대신 닭

"바깥어른 잘 계시유?"

"며칠 전에 죽었다우. 저녁에 먹을 상추를 뜯으러 나갔다가 심장마비로 쓰러졌지 뭐유."

"저런. 정말 안됐수. 그래서 어떻게 하셨수."

"뭐 별수 있나. 그냥 깻잎 사다 먹었지."

3-30 여자의 마음

해변을 걷고 있는 사내가 기도에 몰두 했다.

먹구름이 덮이더니 천사의 소리가 들렸다.

"그대는 열심히 기도하고 하나님을 섬기니 내가 한 가지 소원을 들어줄 것이야"

사내는 "생각나는 대로 언제든지 드라이브를 할 수 있게 하와이 까지 다리를 놓아 주십시오"라고 했다.

"소원대로 해줄 수는 있지만 그렇게 세속적인 소원을 들어 주는 데 대해서는 명분을 찾기가 어렵네. 잘 생각해보고 나를 명예롭게 해줄 뭔가를 궁리해 내게"라고 천사는 분부했다.

그는 한참 생각하더니 "주여, 저의 아내를 이해 할 수 있게 해 주 옵소서"라고 했다.

그러자 천사는 "그 다리 2차선으로 할까 아니면 4차선으로 할까?" 하고 묻는 것이었다.

3-31 천생연분

장수 잔치에서 스피드 게임에 나온 노부부,

할아버지가 할머니에게

"나를 무엇이라 하느냐?" 하니까

"원수"

"아니 네 자로" 하였더니 할머니 왈

"평생원수"

4장
사오정

◆

유머란 희롱 배후에 감추어진 엄숙함이다.
(웃음 속에 칼이 있다는 뜻이다)

내 영혼아 여호와를 송축하며 그 모든 "은택"을 잊지 말지어다.
저가 네 모든 죄악을 사하시며 네 모든 병을 고치시며 네 생명을 파멸에서
구속하시고 인자와 긍휼로 관을 씌우시며 좋은 것으로 네 소원을 만족케
하사 네 청춘을 독수리 같이 새롭게 하시는 도다
- 시 103 :2-5 -

(하나님이 주신 모든 "은택"을 기억해 내어 감사 하십시오.
감사가 기쁨으로 변 할 것입니다)

4 - 1 ALASKA산

인사담당 : "출생지가 어디 입니까?"
노동자 : "알라스카에서 출생 하였습니다."
인사담당 : "어느 부분 말입니까?"
노동자 : "물론 제 몸 다입니다."

4-2 그 곳도 마찬가지

어떤 사람이 비를 맞으며 천천히 걷는 것을 보고
"왜 빨리 걷지 않느냐?"고 물었더니
"앞쪽에도 매 한가지로 비가 내리고 있는데 왜 뛰지요."

4-3 바보이기 때문에

잔뜩 노기를 띤 남편이 아내를 보고 말했다.
"여자란 무엇 때문에 그토록 예쁘고 동시에 바보인지 도대체 알
수가 없단 말이야." "그건 뻔한 일이지요 뭐." 하고 아내가 대꾸했다.
"여자들이 예쁘니까 남자들이 사랑하고, 여자들이 바보니까 남자
들이 사랑하지요."

4-4 덜 떨어진 아버지

아내 : "여보, 아이가 성냥개비를 삼켰어요."

남편 : "불이 필요하면 내 라이터를 쓰지 그래."

4-5 아담과 이브

선생님 : "뱀의 꼬임에 넘어가 이브는 생명나무의 사과를 따 먹었고, 남편 아담에게도 권하여 먹게 하였다. 그래서 남자들은 목의 성대부분이 뛰어 나온 것이며, 이를 아담스 애풀이라 한다."
학　생 : "그럼 여자는 두개를 먹었나요?"
선생님 : "왜 그렇게 생각하니?"
학　생 : "여자는 양 가슴이 튀어 나오지 않았습니까?"

4-6 상식이 통하는 세상

시골 사람이 서울에 와서 버스를 탔다. 동대문에서 내려 달라고 미리 말 하였는데도 서지 않고 계속 달렸다.
"세워, 빨리 세워, 안 세워,..."
그러자 버스기사가 한마디 하였다.
"벨 눌러."

4-7 50년 전에 없던 것

선생님 : "50년 전에 없던 것을 한 가지 말해 보아라."
학생 : "그건, 접니다."

4-8 야쿠르트...줘

어느 더운 날 준영과 철수는 술을 먹고 같은 방에서 자게 되었다.
철수가 술에 취해 골아 떨어지자 선풍기를 틀어주었다.
다음날까지 끝마쳐야 하는 일이 있던 준영이 한참 일에 몰두하고
있는 중
귓가에 들려오는 철수의 음성
"야쿠르트...줘, 야쿠르트...줘."
잠꼬대려니 하고 할 일을 하고 있는데 계속 들려오는 소리
"야쿠르트...줘, 야쿠르트...줘"
날도 더운데 할 일까지 진전이 없는 준영은 분노 폭발
"야 이 녀석아! 야쿠르트는 뭔 야쿠르트야! 자던 잠이나 계속 자!"
철수는 눈을 부스스 뜨더니 선풍기를 가리키며 던진 한 마디
"약으로 틀어줘..., 약으로 틀어줘"

4-9 별의 수는?

병수는 밤하늘의 별을 밤마다 세어 보았지만 그 수를 알 수가 없
었다.
그래서 하는 수 없이 천문학자를 찾아갔다.
"선생님 하늘의 별은 모두 몇 개일까요? 가르쳐 주세요."
그러면서 하루 종일 천문학자를 졸라댔다. 그는 귀찮아서 한마디 했다.
"젊은이 그만두게."
그 말에 병수는 좋아서 어쩔 줄을 몰라 했다.
왜 그랬을까?
정답을 알았기 때문이다. 별이 90,002개라고 했으니까.

4-10 핫도그 안판데

　사오정의 절친한 친구 저팔계가 마귀와 싸우다가 그만 죽었다.

　그가 죽자 평소 저팔계와 친한 친구들이 몰려와 그의 죽음을 슬퍼했다. 밤은 깊어가고 심심하던 차에 무료함을 없애기 위해 고도리를 치기로 했다.

　고도리 멤버들은 가위 바위 보를 해 심부름꾼을 뽑았는데, 운명은 사오정을 택했다.

　"가서 화투 사와."

　사오정은 자신 있다는 듯 대답을 하고 밖으로 나갔다.

　그런데 한참 지난 후에 사오정은 빈손으로 돌아왔다.

　"어, 너 왜 그냥 와?"

　그러자 귀가 어두운 사오정이 인상을 구기며

　"씨이...! 핫도그 안판데..."

4-11 닭, 닭, 닭

　혼자 떨어진 사오정이 허름한 빈집에 몰래 숨어 닭과 함께 생활을 하고 있는데...어느 날 도둑이 이 집에 들어 닥쳤다.

　도둑을 발견한 사오정이 소리를 쳤다.

　"도둑이야!"

　그러자 도둑은 칼을 들이대며

　"닥쳐!"

　했다. 이 말에 사오정은 닭을 치라는 줄 알고 옆에 있던 닭을 마구 치기 시작했다.

이 광경을 지켜보고 있던 도둑이 의아해 하며 물었다.

"닭을 왜쳐?" 그러자 사오정,

"닭, 닭, 닭, 닭…"하고 외쳤다.

4-12 사오정과 면접

사오정과 손오공이 회사에 취직하려고 면접을 보러 갔다. 사오정이 잘 못 알아듣는 것을 염려한 손오공이 자신이 먼저 면접을 본 후 면접관이 물어본 것을 사오정에게 말해주기로 했다.

면접관: "축구선수 중에서 누굴 가장 좋아하십니까?"

손오공: "예전엔 차범근 이었는데 지금은 박지성입니다."

면접관: "그럼 산업혁명이 일어난 때는 언제입니까?"

손오공: "18세기 말입니다."

면접관: "마지막으로.UFO가 있다고 믿으십니까?"

손오공: "과학적으로 증명되진 않았지만 아마 그럴 겁니다."

면접을 보고 나온 손오공이 사오정에게 답을 가르쳐 준 후 사오정이 면섭을 보러 들어갔다.

그런데 불행히도 면접관이 급한 일이 생겨 자리를 비우고 다른 사람이 면접을 보았다.

면접관: "이름이 뭐요."

사오정: "예전엔 차범근 이었는데 지금은 박지성입니다."

면접관: 으아 하게 생각하며 "그럼, 언제 태어났소?"

사오정: "18세기 말입니다."

면접관: 너무 열 받아서 "혹시 당신 바보 아니요?"

사오정: 자신 만만하게 웃으면서 "과학적으로 증명 되진 않았지만

아마 그럴겁니다."

4-13 촌뜨기 사오정 부자

　잔뼈가 굵도록 시골에서만 생활을 했던 사오정과 사오정 아들이 처음으로 서울에 올라 왔다.
　먼저 우리나라에서 가장 높다는 63빌딩을 구경하기로 한 사오정 부자는 버스를 탔다.
　안내 방송이 있은 후 내릴 곳이 다가와 문 앞에 선 사오정 부자는 갑자기 통곡을 하기 시작했다.
　"아니 갑자기 왜 웁니까?"
　그러나 사오정 부자는 울음을 멈추지 않았다.
그리고는 손가락으로 문 위를 가리켰는데 그곳에는 다음과 같은 글귀가 적혀 있었다.
　"부자가 울면 문이 자동으로 열립니다."

4-14 사오정과 불고기 버거

　사오정과 최 불암이 롯데리아로 점심을 먹으로 갔다.
최 불암: "롯데리아 불고기 버거는 소고기가 들어 있대요. 어허참!"
　옆에서 사오정이 가만히 듣고는 버거 빵을 갈라 속에 든 것을 보며 한심하다는 듯 최 불암을 쳐다보며 말했다.
사오정: "말도 안돼! 불고기 버거를 소고기가 어떻게 들어 (먹어)?"
최 불암: "오 마이 갓."

1, 수치를 알라. (몸무게, 혈당치, 콜래스토롤치 등)

2, 계획을 세우라. (욕심은 금물)

3, 사실을 직시하라. (있는 그대로 받아드려라.)

4, 인간관계를 맺어라. (사람은 좋은 점과 나쁜 점이 다 있다. 좋은 점을 좋아 해라.)

하늘이여 노래하라, 땅이여 기뻐하라.
산들이여 즐거이 노래하라. 여호와가 그 백성을 위로 하였은즉
그 고난당한 자를 긍휼히 여길 것임이라
- 이사야서 49:13 -

4-15 사오정 부인

　사오정이 은행장으로 있는 은행에 사오정 부인이 찾아왔다.
　부인은 자기가 가지고 있던 수표를 내밀었다.
은행 직원은 공손하게 부인에게 말했다.
　"여기 수표 뒷면에 이서 좀 해주시겠어요."
　"호호호, 여기 은행장이 바로 제 남편인데,"
　"알고 있습니다. 사모님 하지만 수표 이서는 꼭 해주셔야 하겠는데요."
　"그러지요. 뭐."
　그리고 사오정 부인은 수표 뒷면에 이렇게 썼다.
　"여보, 저예요."

4-16 무인도에서

　어느 날 사오정은 손오공과 저팔게와 함께 무인도에 갇히는 신세
가 되었다. 하루가 지나고 이틀째, 너무나 배고픈 나머지 무인도를
구석구석 뒤지던 중 손오공이 요술램프를 찾았다.
　요술램프를 닦으니 말로만 듣던 거인이 펑! 하는 소리와 함께 나
타나 말했다.
　"소원을 한 가지씩만 말하세요."
　먼저 손오공이
　"날 섹시하고 예쁜 여자들만 사는 섬으로 데려다 줘!"
　손오공이 말을 마치자마자 정말로 손오공은 어디론가 사라졌다.
　이번에는 저팔게 차례
　"날 세상에서 가장 먹을 게 많은 곳으로 데려다 줘!"

정말로 저팔계도 역시 손오공처럼 어디론가 사라졌다.

그런데 마지막 차례인 사오정은 옆에서 열심히 자고 있었다.

한참을 기다리던 거인은 화가 나서 사오정을 막 흔들어 깨웠다.

잠에서 막 깬 사오정은 주위를 둘러보더니

"어? 다들 어디 갔지? 빨리 다 데려와!"

4-17 사오정과 만득이

플레이보이 만득이가 잘 빠진 신형 스포츠카를 새로 뽑았다. 신이 난 만득이는 재빨리 여자 친구를 불러내서 교외로 드라이브를 나갔다.

잠시 후, 정신없이 스피드를 내며 달리던 만득이는 당황하기 시작했다.

그만 길을 잃어버린 것이다. 그런데 다행히 저만치 앞에 사오정이 걸어가는 게 아닌가. 사오정에게 물어 보았자 손해일 것 같은 생각이 들었지만 혹시나 하는 생각에 만득이는 사오정 옆에 폼 나게 차를 세우고는 물었다.

"사오정, 이 길 어디로 가는 거지?"

"잠깐만!"

만득이는 그 순간 매우 기뻤다. 사오정이 드디어 말귀를 알아들은 것이다.

그런데 사오정이 도로에 귀를 대고 하는 말

"길아... 길아... 너 어디로 가니?"

4-18 나이키 대리점

　평소에 봐두었던 신발을 사기 위해서 사오정은 부푼 마음을 안고 대리점으로 들어갔다. 그런데 이게 웬일인가? 그가 점찍어 둔 신발이 전시대에서 없어진 것이다. 사오정은 그 신발을 찾기 위해 이리저리 돌아보다가 급기야 아줌마한테 물어보았다.
　"아줌마, 까만색에 옆에 조단로고 그려 있고... 어쩌구, 저쩌구..."
　사오정은 손짓발짓까지 동원해서 신나게 설명을 했다.
　그러자 아줌마가 "그렇게 아니라 이름이 뭔데?" 하고 물었다.
　사오정 왈
　"사오정이요."

4-19 요건 몰랐지

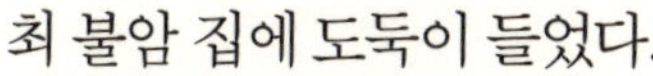

　최 불암 집에 도둑이 들었다.
　"꼼짝마! 움직이면 죽인다."
　그런데 최 불암은 계속 웃고 있었다.
　마침내 도둑은 집 안에 있는 물건을 전부 다 가져갔다.
옆에 있던 김 혜자가,
　"도둑이야!"
　하고 외쳤지만 이미 도둑은 떠난 후였다. 분하고 억울한 김혜자는 최 불암에게 물었다.
　"왜 아까부터 계속 웃고만 있어요?"
　"히히, 아까부터 이불 속에서 발가락을 꼼지락 꼼지락거리고 있었는데 도둑은 그것도 모르고 있잖아."

4-20 도랑의 깊이

여행을 하던 한 남자가 넓은 개울을 만나자 멈췄다.

물의 깊이를 가늠하지 못해 망설이던 그 남자는 마침 한 아이가 책가방을 메고 지나가는 것을 보고 재빨리 물어봤다.

"애야, 저 개울 깊니?"

아뇨, 무지 얕아요."

남자는 아이에게 고맙다는 말을 남기고 힘차게 차를 전진시켰다. 그러나 차는 개울에 들어가자마자 그대로 잠수해 버리고 말았다.

물에 빠진 생쥐 꼴이 되어서 겨우 몸만 빠져 나온 남자는 좀 전의 그 아이를 불러 세워 불같이 화를 냈다.

"이 놈아! 하나도 안 깊다더니 내 차가 통째로 가라앉았잖아! 어른을 놀려? 고얀 놈 같으니라고!"

그러자 아이는 머리를 갸우뚱거리며 말했다.

"어? 이상하다. 아까는 오리 가슴밖에 안 차던데?"

4-21 중대한 실수

고속버스 기사가 안내방송을 했다.

"잠시 후 이 차는 목적지인 경주에 도착합니다."

기사의 안내방송을 들은 승객들은 모두 자리에서 일어나 한바탕 소란을 피웠다.

"광주로 갈 차가 왜 경주로 온 거요? 도대체 이게 어떻게 된 겁니까?"

당황한 운전사가 차에서 내려 앞에 붙은 행선지 표지판을 보고 탄식했다.

"아차, 내가 차를 잘못 탔군."

4-22 동문 서답

사오정이 보청기를 하나 장만 하고 맨 뒤 줄에 앉아 수업을 받았다.
선생님: "야, 거기 맨 뒤…필기 안하고 왜 그래?"
사오정: "안 보여서 그래요."
선생님: "그래? 니 눈이 몇인데?"
사오정: "둘인데요."
선생님: "아니. 아니 그거 말고 니 눈이 얼마냐고?"
사오정: "제 눈은 안 파는데요."
선생님: "니 눈이 얼마나 나쁘냐고?"
사오정: "제 눈은 뭐…나쁘고 착하고 그런 거 없는데요."

4-23 문교부 장관 이름은?

사오정이 예날 초등학교 다닐 때의 일이다.
국어 수업을 하던 선생님이 물었다.
"문교부 장관이 누군지 아는 사람 있나?"
모두들 꿀 먹은 벙어리처럼 선생님의 얼굴만 쳐다보고 있자 선생님이 묘한 힌트를 던졌다.
"문교부에서 발간한 책에 장관 이름이 안 나오나?"
사오정이 물상책을 보고 기운차게 손을 들자 선생님이 물었다.
"어, 아는 사람이 있네. 누구지?"
"예, 검정필입니다."

* 물상책 꼭대기 오른쪽에 '문교부 장관 검정필' 이라고 쓰어 있었다.

4-24 사오정의 입사 원서

성명: 사오정
본적: 누굴 말입니까?
주소: 뭘 달라는 겁니까?
호주: 가 본적 없음
성별: 성에 별은 없음.
신장: 두개 다 있음
가족관계: 가족과는 관계를 갖지 않음
지원동기: 우리 학과의 지봉수 말 듣고
모교: 엄마가 다닌 학교라서 난 모름.
자기소개: 우리 자기는 아주 날씬하고 키가 크며 예쁨.
수상경력: 나룻배 타 본적 있음.

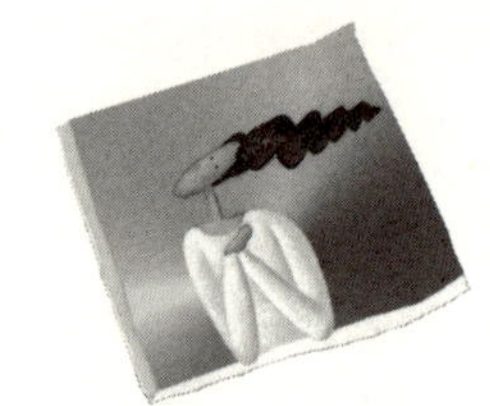

4-25 삶은?

사오정이 '인생이란무엇인가? 삶이란 무엇인가?' 라는 철학적 의문에 대해 심각하게 고민하기 시작했다. 해답을 찾으려고 많은 노력을 했지만 뜻 데로 되지는 않았다. 머리를 깎고 산 속에 들어가 수련도 해 보았으나 역시 찾지못했다. 그래서 포기 하고 기차를 타고 집으로 가는 중 이었다.

그때 기차 안에서 "삶은 계란이나 오징어 땅콩!" 히며 외치며 물건을 파는 아저씨가 지나갔다. 그러자 사오정이 무릎을 탁 쳤다.

"그렇구나. 삶은 바로 계란이나 오징어 땅콩이야!"

4-26 시장 심부름

부인이 집에서 놀고 있는 최 불암에게 시장에 심부름을 보냈다. 그러면서 바가지를 쓸까봐 미리 알려 주었다.

"뭘 살 때는 그냥 사지 말고 무조건 '싸게 해 달라'고 하며 사세요.

최 불암은 알았다고 대답하고는 시장으로 갔다. 가면서 '무조건 싸게 해 달라고 해야지'라고 다짐했다.

그런데 최 불암이 잔뜩 사온 것은 변비약이었다. 부인이 어찌 된 일이냐고 묻자 최 불암이 말했다.

"싸게 해 달라고 했더니 이거 주데..."

4-27 사이코 독서회

정신병원에 입원한 환자들이 독서회를 만들었다.

그리고 두꺼운 책을 가지고 와서 토론을 벌렸다.

한 회원

"이 책은 주인공은 많은데 형식이 너무 나열식이고 천편일률적이야."

다른 회원

"무슨 소리야? 셀 수 없을 정도로 많은 등장인물이 일목요연하게 정리되어 있어서 읽기가 편하고 좋던데..."

그렇게 한창 격렬한 토론을 벌여가고 있는데 간호원이 급하게 들어와서 말했다.

"전화번호부, 누가 전화번호부 가져갔어요?"

4-28 일본인 노모

　하루는 신문을 보다가 다급한 목소리로 김 혜자를 불렀다.
"여보, 박찬호 엄마가 일본인 이래!"
김 혜자가 말도 안 된다는 듯 잘라서 말했다.
"박찬호 엄마는 나도 봤는데 한국인이 틀림없어!"
그런데도 최 불암은 계속 우기는 것이다.
"신문에 난 거 봤다니까. 틀림없어. 자, 여기 보라구."
신문 톱으로 실린 기사를 보던 김 혜자는 그만 기절하고 말았다.

< 한국인 박찬호 vs 일본인 노모 >

4-29 밤에 가면 되지

러시아인과 미국인, 금발여인이 얘기를 나누고 있었다.
무척 자랑스러운 듯이 러시아인이 말했다.
"처음으로 우주에 나간 건 우리 러시아 사람입니다. 하하."
그랬더니 이에 대해 미국인도 자랑스럽게 말을 하는 것이었다.
"달에는 미국인이 처음 갔지."
이야기를 듣고 있던 금발 아가씨가 말했다.
"하지만 태양에는 우리가 처음으로 갈 거예요."
그러자 러시아인과 미국인이 고개를 저으며 말했다.
"아가씨, 몰라도 정말 너무 모르는 거 아니 예요? 태양에는 갈 수
가없어요. 태양에 도착하기도 전에 타 죽을 거라구요."
　그러자 금발이 기다렸다는 듯이 답했다.
"밤에 가면 되지요."

4-30 무슨 곡이지요

최 불암과 최 진실이 고급 식당에서 식사를 했다.
최 진실은 러브스타를 최 불압은 돈까스를 주문하였다.
한참 식사를 하는데 브람스의 왈츠곡이 은은히 흘러 나왔다.
"무슨 곡이지요?" 최 진실이 물었다.
최 불암 왈 "돼지고기입니다."

5장
생 활
(가정, 종교)

자주 웃어라. 웃음은 삶의 윤활유이다.

◆

웃는 사람은 실제적으로 웃지 않는 사람보다 오래 산다.
건강은 실제로 웃음의 양에 달렸다는 것을 아는 사람은 거의 없다.

- 제임스 월쉬 -

지혜로운 아들은 아비의 기쁨이요,
어리석은 아들은 어미의 근심이다.

- 잠 10:1 -

5-1 두 도둑

늙은 목사의 임종, 그는 신도인 은행가와 변호사를 불러들였다.
두 사람이 침실로 들어오자 노인은 침대 양옆에 앉으라고 손짓을 했다.
그들의 손을 잡은 그는 미소를 지으면서 천장을 바라봤다.
두 사람은 임종하는 자리에 불려온 사실에 감동했다.
마침내 은행가가 "어째서 우리를 부른 것입니까?" 하고 물었다.
노인은 가냘픈 소리로 대답했다.
"예수님께서는 두 도둑들 사이에서 숨을 거두셨는데 나도 그렇게 떠나고싶어요."

5-2 노력동원

감옥에 있는 죄수에게 아내로부터 편지가 왔다.
"뒤뜰에 감자를 심기로 했어요.
언제 심는 게 가장 좋죠?"
간수들이 편지를 일일이 검열한다는 사실을 알고 있는 죄수가 답장을보냈다.
"뒤뜰은 건드리지 말아요.
총을 그곳에 감추어 두었단 말이요."
1주일이 지나자 또 편지가 왔다.
"사람들이 삽을 들고 와서 뒤뜰을 죄다 파헤쳐 놓았어요."
죄수는 회답을 보냈다.
"지금이 감자를 심기에 가장 좋은 때요."

5-3 천당 갈 준비

한 노인이 대학을 찾아와 라틴어 강좌를 듣고 싶다고 했다.

사무처장은 노인을 쳐다보더니 "지금 연세가 어떻게 되십니까?" 하고 물었다.

"아흔 셋이요"

"그 나이에 라틴어를 배우시려는 이유가 뭡니까?"

"글쎄, 이 세상에 살아 있을 날도 많이 남지 않았다는 생각이 드는데 혹 천당에 가게 된다면 하나님이나 천사들이 사용하는 말로 대화를 할 수 있었으면 해서요. 라틴어를 좀 알면 편할 것 같아요."라고 노인은 설명했다.

사무처장은 잠시 생각하더니 "하지만 천당이 아니라 딴 데로 가시게 되면 어떻게 하죠?"

"그건 걱정 할 것 없어요. 미국 말은 이미 하고 있으니까요."

5-4 밀어 주세요

새벽 세시, 잠들었던 부부는 문 두드리는 소리에 깼었다.

남편이 나가보니 낯선 사람이 쏟아지는 비속에서 (차를) 밀어 달라는 것이다.

그는 문을 탕 닿고 잠자리로 돌아왔다.

"알지도 못하는 사람이 차를 밀어 달라는 군"하고 그는 아내에게 말했다.

"도와 줬어요?"

"아뇨, 비가 억수로 쏟아지고 있어요."

"지난달 우리차가 고속도로에서 고장 났을 때 두 사람이 도와주던

일 생각 안나요? 저 사람 도와줘야 해요." 남편은 옷을 입고 밖으로
나가 어둠 속을 향해 소리쳤다.

　"아직 거기 있어요?"
　"그래요"
　"밀어 줄까요?"
　"제발요"
　"어디에 있어요?"
　"여기 그네에요"라고 주정꾼은 대답하는 것이었다.

5-5 습관은 못 버려

"당신은 내가 무언가를 물을 때마다 도리어 엉뚱한 질문을 하니 도
대체 왜 그러오?" 화가 치민 남편이 아내를 보고 말했다.
"정말로 내가 그래요?" 아내가 대답했다.

5-6 효과 만점

　위스콘신 주의 농부가 그의 집 앞 고속도로를 과속으로 통과 하
는 자동차의 속력을 늦추기로 결심했다. 항상 위험에 처해있는 그의
어린아이들과 닭들의 생명을 지키기 위하여, 이 농부는 커다란 간
판을 내걸었는데 효과 백 퍼센트로 나타났다. 차들은 즉시 속도를
줄이고 엉금엉금 기기 시작했다.
　간판에 적힌 글: "속노를 줄일 것..., 전방에 나체주의자 마을의
건널목이 있음."

5-7 테레사 수녀

인도의 빈민가에서 상처의 고름을 빨고 있는 테레사 수녀에게 기자가 물었다. "부자나 고관이 부럽지 않습니까?"
"엎드려서 일하는 사람은 위를 볼 시간이 없습니다." 라고 그는 말했다.

5-8 백치 사또의 소 흥정

어느 고을에 백치 사또가 있었다. 그 고을에서 소 흥정이 벌어졌는데 흥정이 되질 않았다. 그래서 사또에게 여쭙기로 했다. 그러자 사또는 어쩔 줄을 몰라 쩔쩔맸다. 이때 그의 아내가 귀띔해 주었다.
"어서 가세요. 가서 소뿔을 틀어잡고 궁둥이를 차면서, 입이 뭉툭하니 먹기는 잘 먹겠다. 갈비뼈가 굵으니 힘도 잘 쓰겠다, 궁둥이가 크니 새끼도 잘 낳겠다. 하면서 한 백 냥은 가겠다고 그러세요."
그래서 사또가 장에 가서 아내가 가르쳐 준 대로 했더니 장꾼들이 감탄하지 않는 사람이 없었다.
며칠이 지나 사또의 장모가 앓아누웠는데 백치 사또는 병문안 갈 생각을 않는 것이었다.
그래서 사또 아내가 또 귀띔 해 주었다.
"병환에 계시는 어머니 문안을 다녀오셔야지 않겠어요?"
그제야 사또는 알았다는 듯이 처가로 달려갔다. 그는 이불을 덮고 앓아누워 있는 장모를 보더니 궁둥이를 걷어차며 씨부렁거렸다.
"입이 뭉툭하니 먹기는 잘 먹겠다, 갈비뼈가 굵으니 힘도 잘 쓰겠다, 궁둥이가 크니 새끼도 잘 낳겠다. 야, 한 백양은 가겠네요."
그러자 장모가 어이가 없어 벌린 입을 다물지 못했다.

5-9 자승자박

"여기에 좋은 집을 가지고 계시는 군요. 약 2만 달러는 나가겠어요."
낯선 사람이 주인을 보고 말했다.
"잘 못 봤어요. 에누리 없이 3만 달러는 나갈 겁니다. 집을 사시려고
찾고 계십니까?"
집 주인이 말했다.
"아닙니다. 나는 새로 부임한 세무서원입니다."
낯선 사람은 수첩을 꺼내면서 대답했다.

5-10 성급한 판단

섬 처녀가 선을 보게 되었다. 드디어 맞선 보는 날이 되어 치장을
하고 준비를 끝마쳤는데 시간을 보니 배 시간이 지난 것이었다. 여
자는 부리나케 뛰어갔다. 그런데 항구에서 배가 2M 정도 떨어져 있
는 것이 아닌가?
섬 처녀는 있는 힘을 다해 점프를 하였다.
물에 빠졌지만 다행이도 선원이 구해 주었다.
섬 처녀의 옷은 걸레가 되고 화장도 다 지워졌지만 그래도 섬 처
녀는 배를 탔다고 안도의 한숨을 쉬었다.
그 때 선원이 하는 말
"아이구, 처녀 10초만 기다리면 배 도착 하는디.-"

5-11 소원 성취

흑인 여인이 장의사에 안치된 자기 남편의 관 곁에서 울고 있었다.

이윽고 자리를 뜨려하는데 가까이에 또 하나의혹인의 관이 보였다. 그 죽은 흑인은 하얀 양복을 입고 있었다. 이 때문에 흑인 여인은 더 울었다.

"우리 집 양반은 하얀 양복을 좋아 하셨는데. 우리 집 양반도 저 사람처럼 좋은 양복을 입은 채 땅에 묻힌다면 여한이 없으련만." 여인이 말했다.

바로 그때 장의사 책임자가 들어왔다. 그녀는 어떻게 해서든지 자기 남편에게 하얀 양복을 입혀서 매장해 달라고 부탁했다.

"부인, 주인 양반에 대한 애정이 정말 놀랍습니다. 그분의 마지막 소원을 풀어 주시려 하시니 말입니다. 추가 부담금은 350달러입니다."

부인은 고마움의 눈물을 흘리면서 집으로 갔다.

장의사 책임자는 전화로 종업원을 불렀다.

"이봐, 마티, 저 흑인들의 머리를 바꿔치기 하게. 알았나?"

5-12 직업정신

수술을 마치고 늦게 귀가하던 어느 의사가 배가 너무 고파서 병원 근처의 레스토랑에 들어갔다.

"음...뭘 먹지? 배와 등이 사돈 되자고 하는데..."

그때 웨이터가 메뉴판을 들고 다가오는데 폼이 영 어정쩡한 것이 엉덩이 쪽이 불편해 보였다.

의사는 직업의식이 발동하여 물었다.

"혹시 치질 있습니까?"

그러자 웨이터는

"메뉴판에 있는 것만 시키세요."

말은 생각을 형성하고 생각은 행동을 결정하며 인생을 만들어 간다.

행복하다고 말하는 동안은 / 나도 정말 행복한 사람이 되어

　마음에 맑은 샘물이 흐르고

고맙다고 말하는 동안은 / 고마운 마음이 솟아올라

　내 마음도 더욱 순해지고

아름답다고 말하는 동안은 / 나도 잠시 아름다운 사람이 되어

　마음 한 자락 환해지고

좋은 말이 나를 키우는 걸 / 나는 말하면서 다시 알지

- 이해인 수녀의 '나를 키우는 말'에서 -

의로운 입술은 왕들의 기뻐하는 것이요
정직히 말하는 자는 그들의 사랑을 입느니라
- 잠 16:13 -

5-13 너 가져

두 명의 나이 지긋한 미망인들이 카페에서 이야기를 나누고 있었다.
잠시 후 아주 멋진 신사가 카페에 모습을 나타냈다.
"얘, 내가 수줍은 타는 것 너도 잘 알지 않니. 네가 가서 말 좀 걸어 봐."
 친구는 알았다고 하며 남자에게 다가갔다.
"실례합니다. 선생님, 방해되지 않는다면 잠시 대화를 나눌 수 있
을까요?
제 친구가 선생님이 너무 외로워 보인다고 하네요."
"물론 외롭죠. 지난 20년 간 감옥에 있다 나왔으니까요."
"농담이세요? 왜요?"
"내 세 번째 마누라를 죽였지요. 목을 졸라서..."
"그럼 두 번째 부인은요?"
"총으로 쏴 죽였지요."
"그럼... 첫 번째 부인은요."
"빌딩 옥상에서 말다툼하다가 밀어버렸지요."
"어머, 세상에..."
친구는 바로 뒤돌아 와서 말해 주었다.
"얘, 너 좋겠다. 저 남자 싱글이래! 다 이야기 해 두었으니까 가봐."

5-14 하나님의 상급

택시 운전기사와 목사님이 심판을 받기 위해 예수님 앞에 섰습니다.
먼저 택시 운전기사에게는 칭찬과 큰 상이 주어 졌습니다.
목사님은 기대를 하면서 예수님 앞에 갔으나 보잘 것 없는 상을

받았습니다. 그래서 목사님은 항의를 하였습니다.

"혹시 실수 하신 것 아닙니까? 저 운전기사는 난폭 운전 기사입니다."

"실수라니, 저 기사는 승객들이 예정에도 없던 기도를 하게 만들었고, 너는 예배 드리려 온 성도들을 졸개 만들지 않았느냐 ?"

5-15 누가 부르는가?

어떤 목사님이 고속도로 휴게소 화장실에서 일을 보는데 옆 칸에서 큰 소리로 '목사님 안녕하십니까?' 라고 인사를 했다. 엉겁 결에 '예, 안녕하세요.' 라고 대답하고, 속으로 목사는 화장실에서도 알아보는가?
생각하고 있는데 '식사는 하셨습니까?' "아니요 일을 끝내고 하려합니다."
잠시 조용하더니 다시 들리는 말...

"목사님 전화를 끊어야 겠습니다. 옆에서 이상한 사람이 자꾸 대꾸를 하네요."

5-16 목사님의 편지

어느 날 아침 목사님이 목회실 문 앞에 떨어져 있는 편지를 열어보았다.

편지봉투 안에는 "바보"라고 쓴 작은 종이 한 장만이 들어 있었다.

돌아온 일요일에 목사님은 예배 중에 신도들 앞에서 편지에 대해 말씀하셨다.

"저는 지금까지 편지를 쓰고는 실수로 자기 이름을 잊고 안 쓴 편지는 많이 받아봤습니다. 그런데 지난주에는 누군가로부터 자신의 이름만 쓰고 내용은 잊어버리고 안 쓴 편지를 받았습니다."

5-17 홀인원

주말에만 골프를 즐기는 아버지가 홀인원을 했으니 흥분할 만도 한 일이었다. 오후 내내 집안에서는 그 이야기가 그치지 않고 되풀이 되었다.
방문하는 사람들도 하나같이 그의 이야기에 귀를 기울려야 했다.
저녁, 초인종이 울려서 나가본 어머니는 꽃다발을 발견하고 놀랐다.
어머니더러 보라는 카드에는 다음과 같이 적혀있었다.
"정말 동정합니다. 얼마나 힘든 일을 당하게 되셨는지 제가 잘 알거든요. 아무쪼록 잘 견뎌내도록 인내심을 베풀어 주시기를 기원합니다."

5-18 복권당첩

미국에 매우 독실한 천주교 신자인 거지가 있었다. 신부는 거지를 보면 항상 부자가 되는 이야기를 해주었다. 거지의 꿈은 벼락부자가 아닌가.
그런데 어느 날, 거지가 복권에 당첨되었다. 복권협회가 발칵 뒤집혔다. 미국의 경우 복권 당첨자 쇼크사가 많아서 사전 조사를 한 다음에 주변사람을 통해서 복권에 당첨된 사실을 알려주곤 했었다.
복권협회는 고민 또 고민을 했다. 어떻게 하면 이 거지가 쇼크 먹

지 않고 돈을 받을 수 있을까? 고민 끝에 협회는 신부님을 통해서
당첨 사실을 알려주기로 합의했다.
　소식을 들은 신부는 거지를 불러 물었다.
　"자네, 만약 복권에 당첨되면 어떻게 할 건가?"
　그러자 거지가 이렇게 말했다.
　"만약 제가 복권에 당첨된다면, 절반을 뚝 잘라 신부님께 드릴 께요."
　신부는 그 말을 듣고 쇼크로 죽었다.

5-19 누구 책임인데

　주일날 목사님이 열심히 설교를 하고 있었다. 최선을 다해 말씀
을 전하는데 청년 하나가 졸고 있고, 그 옆의 할머니는 열심히 듣고
있었다.
순간적으로 짜증이 난 목사님이 할머니에게 말했다.
　"아, 할머니, 그 청년 좀 깨워주세요."
　그러자 그 할머니가 대답했다.
　"재우기는 지가 재워 놓고 왜 날보고 깨우라 난리여"

5-20 생일 선물

　사위가 장모님에게 생일 선물로 장지를 선물 하였다. 그런데 다음
해 생일에는 아무 것도 선물이 없었다. 섭섭한 장모님이 이유를 묻자.
　사위 왈 "작년에 준 선물도 사용 안 하시면서 무엇을 더 바라십니까?"

5-21 야구시합

　사탄이 베드로에게 야구 시합을 신청 했다. 베드로 '그래 좋다.
하지만 유명한 선수는 다 천국에 와 있는데 어쩌려고 시합을 하자'
하느냐고 묻자
사탄 왈 "염려 없다. 유명한 심판은 전부 나 한태 와 있다."

5-22 임시변통

의사 : "어디가 편찮으신가요?"
젊은 엄마: 우리 아이가 잉크 한 병을 마셔 버렸어요."
의사: "제가 그리로 가죠. 아이에게 무슨 조치를 했나요."
젊은 엄마: " 잉크 흡입 지 석 장을 먹였어요."

우리 아이에게 무엇인가 갈망 할 수 있는 용기와

꺾이지 않고 맞서 도전 할 수 있는 인내심을 허락해 주시고

세상 사람들을 숭고한 믿음으로 대할 수 있도록 자신을

사랑하고 믿는 법을 먼저 가르쳐 주시오.

– 아브라함 링컨이 선생님에게 보낸 편지에서 –

모든 성경은 하나님의 감동으로 된 것으로 교훈과 책망과 바르게 함과
의로 교육하기에 유익하니 이는 하나님의 사람으로 온전케 하며
모든 선한 일을 행하기에 온전케 하려 함이라.

– 딤후 3:16-17 –

6장

어린이

◆

우리는 행복하기 때문에 웃는 것이 아니고,
웃기 때문에 행복하다.

- 윌리암 제임스 -

의인들은 기뻐하고 하나님 앞에서 즐거워 할 것이라.
기쁨에 겨워서, 크게 즐거워 할 것이다
- 시편 68:3 -

6-1 아이 없는 사람 방 세 놓음

6세 어린 아이가 방문 하였다. 광고문을 보고 방을 구하려 왔다는 것이다.
아이는 없고 노부모만 있다는 것이다. 뒤에는 젊은 부부가 있었다.
그들은 방을 얻을 수 있었다.

6-2 배 나온 사람

어느 날 배가 아주 뚱뚱한 남자를 보자 엄마는 그 사람을 가리키면서 아이에게 말했다.
" 손가락을 마냥 빨아 대다가 저런 꼴이 된 것이라고 했다."
이튼 날 엄마를 따라 수퍼마켓으로 간 녀석은 임신한 여자를 뚫어지게 바라보는 것이었다. 마침내 그는 그 여자에게 한 마디 했다
"아줌마 무슨 짓을 해서 그렇게 된 건지 난 알아"

6-3 새 나라의 어린이

아버지는 늦도록 밖에서 지내는 것이 얼마나 나쁜 일인가를 십대의 아들에게 설명하였다. "이걸 명심해야 한다. 새도 일찍 일어나는 놈이 벌레를 잡는단 말이야"
"그렇다면 그렇게 일찍 나다닌 벌레는 비보잖아요? " 라고 아들녀석이 따졌다.
"인석아 그 벌레는 아직 잠자리에 들지 않았던 거야 그때야 집으로 가는 길이었지 뭐야"

6-4 우리 옷 벗고 몸 무개 달자

병원에 온 아이에게 간호원이 말했다.
"우리 옷 벗고 몸 무개 좀 재볼까?"
아이: "누나나 달아 보새요."

6-5 핀거와 오므린거

유치원 영어 시간에 선생님이 손가락을 펴고 아이들에게 물었다.
"여러분! 이것을 영어로 뭐라고 하죠?"
"핑거요"
감탄하며 주먹을 꽉 쥐어 보이면서 물었다.
"자 그러면 이건 뭐라고 할까요?"
"오므린거요."

6-6 요즘 아이들

7살짜리 아들이 속옷 차림의 엄마를 보며 말했다.
"야! 울 엄마 섹쉬하다. 히히"
엄마,"이 녀석 쪼그만 게 말버릇이 그게 뭐야"
9살짜리 형이 넌지시 말했다.
"거봐, 임마, 임자 있는 여자는 건드리지 말랬잖아"

6-7 숙제

초등학생인 혁이가 선생님에게 물었다."
"선생님, 자기가 하지 않은 일에 대해 벌을 받을 수 있나요?"
"아니, 그럴 수는 없지"
"그렇지요. 제가 숙제를 안했거든요"

6-8 부모와 자식

6학년생들에게 "부모"라는 제목으로 글을 쓰라고 했다.
학생들의 작문을 읽어 내려가던 선생은 어느 학생의 글에서 다음과
같은 대목에 이르자 저도 모르게 웃음이 터져 나왔다.
"부모님들이 하도 나이가 많아서 그들의 버릇을 고치기가 대단히
어려운 지경에 이르렀을 때 우리는 그들과 만나게 된다."

6-9 여섯 살의 지혜

부부는 여섯 살 된 딸을 혼자 남겨두고 저녁 약속이 있어서 나갔다.
집을 나서기 전에 문들을 잠그고 아무에게도 혼자 있다는 사실을 알
려서는 안 된다고 단단히 일러놓았다.
이튿 날 애 어머니는 친구를 만났다.
"간밤엔 꽤나 신이 나셨더군." 하고 그 여자는 놀려대는 것이었다.
"전화를 걸었더니 딸 말이, 엄마는 샤워 중이라더군. 그래서 메시
지를 남겨둘 생각으로 아빠를 바꿔 달라고 했더니 아빠도 샤워 중이
라더군"

6-10 어린이 세계

선생 : "조지 워싱톤은 아버지의 벚나무를 잘라버렸으나 그 사실
　　　을 솔직히 고백 했습니다."
조니 : "그 이야기라면 우리는 여러 번 들었습니다."
선생 : "그러면 그의 아버지는 어째서 그에게 벌을 주지 않았던 것
　　　인지 알아요?"
조니 : "조지가 도끼를 그대로 들고 있었기 때문입니다."

6-11 새 집

아주 비좁은데 살던 가족이 한결 큰 집으로 이사했다.
　이웃 사람이 그 집 일곱 살 된 녀석을 보고 새집이 마음에 드느냐
고 물었다.
　"아주 마음에 들어요, 이제는 내방도 있고 누나들 둘 다 제방을
갖게 되었어요. 그렇지만 엄마는 안됐지 뭐 에요"
　"아직도 아빠랑 한 방을 써야 하니까요"

6-12 Rome은 밤에 세워졌다

선생 : "로마는 언제 세웠습니까?"
학생 : "밤에 세워 졌습니다."
선생 : "밤에 세워졌다니 그게 무슨 말이냐?"
학생 : "선생님이 로마는 하루아침(One day)에 세워진 것이 아니
　　　라고 말했지 않습니까?"

6-13 달보다 먼 영국

선생님: "영국과 달 중 어떤 것이 더 멉니까?"
학　생: "달입니다."
선생님: "어째서 그렇게 생각 하니."
학　생: "달은 보이지만 영국은 보이지 않으니 말입니다."

6-14 논쟁은 싫어

선생: "지구는 어떻게 생겼니?"
철수: "둥글게 생겼습니다.."
선생: "그것을 증명 할 수 있겠니?"
철수: "좋아요. 그렇다면 사각형으로 하지요. 이런 문제로 선생님
　　　과 논쟁 할 생각은 없어요."

6-15 며느리의 실수

　며느리가 아이를 업고 시아버지 밥상을 차려드리던 중 방귀가 나
오려고 하는지라 항문에 힘을 주고 참다가 그만 "뿅"하고 소프라노
로 뀌고 말았다. "아가야! 너 배 아프냐?"
　"아니요. 아기가 그런가 봐요."
　며느리는 부끄러운 마음에 아기가 뀐걸로 넘어가려고 했다.
　그러자 아기가 신기한 듯 물었다.
　"엄마! 내 배가 아프면 왜 엄마 방귀가 나오는 거야?"

6-16 수다쟁이

우리 동네 목사가 몇 주 전 마지막 남은 이빨을 죄다 뽑아버리고
틀니를 해 넣었다. 그리고 나서 첫 주일 설교는 10분간 계속되었다.
그 다음 주 설교는 겨우 20분 이었다.
그런데 세 번째 주일 설교는 한 시간 반이나 끌었다.
그 까닭을 물었더니 이렇게 대답하는 것이었다.
"첫 번째 주일에는 잇몸이 어찌나 아픈지 말을 할 수가 없더군
요.   두 번째 주일에도 틀니의 통증은 여전히 심 하더라 구요.
그런데 세 번째 주일에는 착오로 집사람의 틀니를 집어넣고 나갔더
니 말이 그칠 줄을 모르는 거예요"

6-17 천당 가는 길

사재가 아이들이 놀고 있는 곳에 와서 시립 극장을 갈려면 어떻
게 가느냐고 물었다.
그 곳을 일러주던 아이는 왜 그 곳에 가려고 하는지 물었다.
"응, 천당 가는 길을 알려 주는 설교를 하려고 한다. 너희들도 와
서 듣고 천당 가기 바란다."
"한 아이가 시립극장 가는 길도 모르면서 어떻게 천당 가는 길을
안다고"라며 빈정거렸다.

* 행동하기 전에 한번 생각하고.

말하기 전에 두 번 생각하라.

사람은 그 입의 대답으로 말미암아 기쁨을 얻나니
때에 맞는 말이 얼마나 아름다운고
- 잠 15:23 -

6-18 아버지의 위신?

어머니 : "애 진수야, 너 그 축구공을 아버지가 없는 저 불쌍한 아이
에게 줘 버리는 게 어때?"
진수 (축구공을 꼭 거머쥔 채) : "이 공 대신에 아버지를 그 아이에
게 주는게 좋겠어요."

6-19 덜 배운 아이

어머니 : "너는 깨끗한 아이니까 귤껍질을 버스 바닥에 버리지 않았
            겠지?
            어디에 그걸 버렸지?"
어린아이 : "곁에 있던 어른의 호주머니에 넣었어."

6-20 엄마! 왜 나 먹었어?

　엄마가 작은 아들이랑 배가 불러 있는 엄마와 큰 형이 같이 찍은
사진을 보고 있었다. 작은 아들은 사진 속에 자신이 안보이자 엄마
에게 물었다.
　"엄마, 나는 어디에 있어"
엄마는 손가락으로 배를 가리키며 말했다.
　"응. 너는 엄마 뱃속에 있어."
그러자 작은 아들은 이해가 되지 않은 듯 고개를 갸우뚱하며 물
었다.
　"엄마! 나 왜 먹었어?"

6-21 유구무언

　성장하기 위해서는 음식을 잘 먹어야 한다는 말을 늘 아버지에게
들어왔던 어린아이가 다음과 같이 아버지에게 물었다.
"아빠, 아빠도 더 커지는 거지요?"
"아니야, 그렇지 않아." 아빠가 말했다.
"이젠 아빠는 커지지 않는다는 거지요?" 아이가 말했다.
"그렇단다." 아버지가 말했다.
"그렇다면 아빠는 왜 매일 음식을 드세요?"

6-22 논리 정연하다

　초등학교 입학 첫날 학교에 갔다가 집으로 돌아와서 현식이는 엄
마에게 말했다.
"엄마, 선생님에게 오늘 아침 엄마가 아빠에게 머리 솔을 던졌다고
말해 줬어"
"도대체 그런 말을 선생님에게 왜 했니?" 당황한 어머니는 물었다.
"응 우리 선생님이 그걸 모르고 계셨기 때문이야."
논리정연하게 현식이가 대답했다.

6-23 선불이 필요하다.

아들: "어머니 제가 얼마의 가치가 있을까요?"
어머니: "넌 나에게 100만 불짜리야."

아들: "그럼 100불만 먼저 주세요."

6-24 정곡을 찌르다.

"주영아, 2층에 가서 손을 씻어라." 어머니가 말했다.
"아, 여기 아래층에서 씻게 하려무나." 외할머니가 말했다.
"아니에요. 아이는 엄마의 말을 듣도록 배워야 해요.!"
아이의 어머니는 대꾸했다.
"그렇다면, 어머니는 왜 엄마의 어머니 말을 듣지 않는 거죠.?"
주영이가 물었다.

6-25 들은 대로

초등하교 1학년인 어린 메리는 어머니와 함께 걸어가다가 조그마한 사내아이에게 말을 건네고서는 "저 아이의 이름은 지미이고 우리 반이에요." 하고 설명했다.
"그 애의 성은 무엇이지?" 어머니가 물었다.
"그의 성명은 지미 싯다운(앉아요)이라고 해요...
선생님이 그렇게 불러요."
메리가 말했다.- Jimmy Sit down

6-26 배반의 열매

고된 일을 마치고 귀가하던 아버지는 뒤뜰에서 고함 소리가 나는 것을 듣고 달려가자 아들 녀석이 여자 아이를 주먹으로 치고 있었다.
"그만 둬!" 아버지는 아들 목덜미를 거머쥐고 말했다.
"조그만 여자 아이를 왜 때리는 거야?"
"때릴 만해서 때려요. 이 앤 거짓말을 했어요."
"무슨 거짓말을 했다는 거야." 아버지가 물었다.
"우린 아담과 이브 놀이를 하고 있었어요. 그래서 저 아이가 사과를 먹으며 나를 꾀기로 했어요. 그런데 꾀지도 않고 사과를 혼자서 몽땅 다 먹어 버렸어요."

6-27 하나만 알고 둘은 모른다.

　　병실로 무엇인가 맛있는 것이 들어가고 있는 것을 보고,
병수는 말했다.
" 엄마, 형이 홍역을 다 앓고 나면, 나도 홍역을 앓아도 되지, 웅?"

6-28 이들은 알고 있다.

　　아버지와 어머니가 파티에 갈 준비를 하는 것을 어린 아들과 딸이 열심히 살피고 있었다. 엄마는 아빠의 나비넥타이를 달아 주고, 아빠는 엄마의 진주 목걸이를 매어주고 있다.
　　어린 딸아이는 말이 없다가 오빠에게 물었다.
　　"엄마와 아빠는 왜 우리에게는 혼자서 옷을 입으라고 하시는지 알 수가 없어."

6-29 말을 만드는 사람

제주도의 관광 목장에서 휴가를 보내던 어린 소년이 흥분한 말투로 어머니에게 말했다.
"엄마, 나는 말을 만드는 사람도 봤어요."
"그게 정말이니?" 어머니가 물었다.
"정말이라니까요. 그 사람은 내가 봤을 때 말 한 마리를 거의 다 만든 중이었어. 그래서 말의 발에 못을 박고 있었어요."

6-30 멋진 생각

창 너머로 번갯불이 '번쩍' 하자 어린 손자가 밝은 표정으로 쳐다보면서 말했다.
"할머니 치스하고 웃으세요. 하나님이 우리 사진 찍고 있어요."

6-31 전술

어린아이는 북적대는 백화점에서 길을 잃고 말았다. 그는 통로에서 울며 서 있었다.
"엄마, 엄마 어디 있어? 엄마, 엄마! "
사람들은 그 애에게 천 원짜리, 5천 원짜리를 주면서 지나갔다
마침내 매장 감독이 아이에게로 다가와서 말했다.
"애야, 내가 네 엄마 있는 곳을 알았어."
어린아이는 눈물어린 눈으로 그를 쳐다보며 말했다.
"나도 알아요... 그런데 아무 말도 하지 말아요."

6-32 모델의 아들

모델인 나는 알몸으로 포즈를 취해야 하는 일이 종종 있었습니다.
이 사실을 알게 된 어린 아들의 친구 녀석이 묻더군요.
"화가들은 어째서 옷을 입혀놓고 그리지를 못 하는 거죠?"하고
내가 미처 대답을 하기도 전에 아들아이가 끼어들더군요.
"이런 바보야, 옷을 입혀놓고 그리려면 물감을 많이 더 장만해야 잖아."

6-33 보기에 딱해서

비아냥거리기를 좋아하는 강사는 "이 방안에 혹 멍청이가 있으면
일어나 봐요"라고 말했다.
한참 만에 신입생 하나가 일어섰다.
"헌데 형씨, 어째서 자신을 멍청이라고 생각하는 거지?" 하고 강
사는 조소를 머금고 물었다.
"실은 저 자신을 바보라고 생각하지는 않습니다만, 선생님만 혼
자 서 있는 게 보기가 딱해서요."

6-34 가식 없는 마음

선생님: "만약 네가 사탕을 7개 가지고 있는데 내가 3개를 달라고
하면 몇 개가 남을까?"
어린 학생: "7개요."
선생이 달라고 해도 주지 않을 것이므로

오늘도 주님의 위대한 일을 기대하며 하루를 시작 하고,

주님을 위하여 무엇을 할 것인가를 생각하며 일을 시작하자.

지혜자의 입의 말은 은혜로우나
우매자의 입술은 자기를 삼키나니…
- 전 10:12 -

6-35 원수를 사랑하라

"싸우면 안 돼. 원수를 사랑하라고 배우지 않았나?"
"그 애는 나의 원수가 아니에요. 내 동생이에요."

6-36 진짜 목적

이웃 아이가 문을 두드렸다.
"주영이가 밖에 나와서 놀 수 있게 해 주실래요?"
"미안해 주영이는 낮잠을 자고 있는 걸." 주영 어머니가 말했다.
"그럼 주영의 자전거가 나와서 놀 순 없어요?"
어린아이는 희망에 부푼 채 물었다.

6-37 훌륭한 이유

어린 소녀가 부모를 따라서 음악 연주회에 갔다. 위대한 피아니스트인 연주자는 훌륭한 연주를 끝내고 콘서트홀을 떠나려는 중이었다.
어린 소녀는 깜찍하게도 그에게로 다가가서 정중하게 요청했다.
"미안하지만 사인해 주시겠어요?"
"안 돼, 내 손은 연주하느라고 몹시 힘이 빠졌어요." 그는 다소 무뚝뚝하게 대답했다.
"제 손도 힘이 빠졌어요. 손뼉을 치느라고 말이에요." 아이는 활짝 웃었다.
그리고 사인을 받았다.

6-38 제사보다 젯밥에

초등학교 선생님이 감기에 걸리면 위험하다는 주의를 주고 있었다.
"선생님의 어린 조카가 하루는 썰매를 가지고 눈 속으로 갔어요.
그 애는 폐렴에 걸려서 사흘 후에 죽고 말았어요."
선생님의 말이 끝나자 잠시 동안 침묵이 흘렀다. 그때 뒤쪽에서
작은 목소리가 들려왔다. "썰매는 어떻게 되었나요?"

6-39 배운 것에 보태서

여섯 살의 어린 소년이 은행으로 들어가서 은행장을 만나게 해
달라고 했다. 얼굴에 미소를 띤 은행원이 소년을 은행장실로 데리고
갔다.
소년은 자기 크럽에서 모금을 하고 있다는 것과 따라서 은행장께서
기부를 해 주셨으면 좋겠다고 설명했다.
은행장은 1만원 지폐 한 장과 500원 동전을 하나 책상위에 꺼내
놓고 말했다.
"어느 쪽이든 가지고 싶은 것을 가져요."
소년은 동전을 집었다 그리고 말했다.
"저희 어머니께서는 항상 제일 작은 것을 가지라고 가르쳤어요."
그러더니 소년은 지폐도 집어든 채 덧붙여 말했다.
"그러나 바로 그 때문에 저는 이 동전을 잃어서는 안 돼요. 이종
이 지폐로 동전을 싸가지고 가려고 해요."

6-40 정직한 변명

선생님: "봉수야 너는 왜 늦었지."
학　생: "저, 어떤 사람이 1만 원짜리 지폐를 잃어버렸어요."
선생님: "그래서 네가 그걸 찾는 걸 도와주었구나?"
학　생: "아뇨. 제가 그 돈을 밟고 서 있었거든요."

6-41 텔레비전 방송인데도

어린 두 형제가 텔레비전으로 영화를 보고 있었다. 주인공이 서부에서 가장 재빠른 총잡이와 맞서게 되어 그 서부 영화의 클라이막스에 도달했을 때, 다섯 살짜리 소년은 텔레비전을 꺼 버렸다.
"왜 텔레비전을 껐어?" 하고 그 형이 다그쳤다.
"물 좀 마시러 가려는데 하나도 빼놓지 않고 보고 싶어서 그래."
다섯 살짜리가 대꾸했다.

6-42 거짓말 대회

국제학교에 다니는 세 학생이 길을 가다가 은화를 발견 하였다.
서로 자기 것이라 우기다 거짓말을 제일 잘 하는 사람이 갖기로 정했다.
중국학생: "중국에서는 바람이 어찌나 센지 작은 산은 지지 목을 하지 않으면 스러진다."
미국학생: "미국 텍사스에 가뭄이 들면 어찌나 지독 한지 젖소 우유를 짜면 분유가 나온다."

　소련학생: "시베리아는 어찌나 추운지 말을 하면 즉시 얼어서 듣지 못하다가 이듬 해 해동이 되어야 들을 수 있다."

　누가 제일 잘 하는지 결론을 못하고 선생님을 찾아가 판결을 받기로 하였다. 사연을 다 들은 선생님은 "거짓말을 하면 안 된다. 나는 일평생을 살면서 거짓말을 해 본적이 없다." 그래서 학생들은 그 은화를 선생님에게 주기로 결정하였다.

6-43 텅 빈 머리

　선생님은 혈액순환에 관해 설명했다.
　알아듣기 쉽게 하려고 선생님은 이렇게 말했다.
　"자아, 여러분, 선생님이 머리를 아래로 해서 거꾸로 선다면 피는 여러분들이 알고 있듯이 밑으로 흘러내려 선생님의 얼굴이 빨개지겠죠?"
　"그럼요"라고 아이들은 대답했다.
　"그런데 선생님이 평소처럼 똑바로 서있을 때에는 피가 발로 흘러내려 가지를 않는데 왜 입니까?"
　꼬마 녀석 하나가 큰 소리로 대답했다.
　"선생님의 발은 텅 비어있지 않기 때문입니다."

6-44 누나의 비밀

　네 살 난 사네아이가 20살 된 누나를 따라 목욕탕에 갔다. 나오는데 누나를 짝사랑하는 동네 총각을 만났다. 깜찍한 녀석이 총각에게 말했다.

"나에게 맛있는 것을 사주면 누나의 비밀을 말해 주지"
그래서 총각은 이것저것 맛있는 것을 사 먹이고 비밀이 무엇인지
물었다.
녀석 왈
"목욕탕에 가보니 누나는 고추가 없었다."

6-45 동기가 좀

일요일 아침에 예배를 마치고 나온 어린 녀석이 어머니에게 말했다.
"엄마, 난 커서 목사가 될 거야."
"그래 우리 아들 대견하구나! 그런데 어째서 목사가 되기로 결심
하게 된 거냐?"하고 어머니가 묻자 녀석의 대답은 이러 했다.
"일요일엔 어차피 교회에 가야 하는 거잖아. 그렇다면 가만히 앉
아서 듣고 있는 것보다는 소리를 질러대는 게 훨씬 더 재미날 것 같
단 말이야."

6-46 어두움이 무서워요

교회에 다니는 어린 순이는 어두운 곳을 무서워했다.
어느 날 밤, 엄마가 순이에게 뒷마당에 있는 빗자루를 가져오라고
했다.
"엄마, 바깥은 지금 캄캄해서 너무 무서워요.
엄마는 꼭 심부름을 시킬 요량으로 달래기 시작했다.
"아가, 예수님이 항상 우리 곁에 계신데 뭐가 무섭니? 지금 밖에
도 예수님이 계셔, 너를 지켜주실 거야."

순이는 고개를 갸우뚱하면서 물었다.

"정말 밖에 예수님이 계세요?"

엄마는 부드럽고 확신에 찬 목소리로 다시 순이를 타일렀다.

"그럼, 그 분은 어디에든 계신단다. 그리고 네가 힘들고 어려울 때 항상 너를 도와주신단다. 그러자 순이가 뒷문을 살짝 열고 틈새로 말했다.

"예수님 , 거기 계시면 빗자루 좀 갖다 주실래요?"

지금 활용 하여라

주어진 부를 사용하지 않으면 재물이 없는 것과 같으며

주어진 능력을 사용 하지 않으면 능력이 없는 것과 같다.

근심이 사람의 마음에 있으면 그 것으로 번민케 하나
선한 말은 그것을 즐겁게 하느니라
- 잠 12:25 -

6-47 인도자가 된 어린 아이

부모가 어린아이 앞에서 부부싸움을 하다가 아빠가 '미친년'이라
고 하였다.
평소 궁금한 것이 많았던 아이.
　"아빠, 미친년이 모야?"
　아빠는 당황하며 말했다.
　"으응... 그건 여자라는 뜻이란다."
그 광경을 본 엄마가 '미친놈'이라고 하자 이번에는 엄마에게 물었다.
　"엄마, 미친놈이 모야?"
　역시 당황한 엄마.
　"으응... 그건 남자라는 뜻이야."
이때 둘의 이야기를 들은 할머니가 끼어들었다.
　"지랄들 하고 있네."
　그러자 어린아이.
　"할머니, 지랄은 또 무슨 뜻이야?"
다급해진 할머니가 둘러댔다.
　"응, 그건 기도라는 뜻이란다."
다음 주일 어린아이는 전도사의 지시로 기도회를 인도하게 되었다.
　"미친놈은 왼쪽, 미친년은 오른쪽에 앉아요. 앉았으면 이제 우리
　모두 지랄합시다."

6-48 먹는 게 남는 것

공부를 못하는 봉수는 오늘도 학교에 남아서 보충 수업을 했다.

선생님이 물었다
"봉수야, 이 문제만 풀면 보내줄 테니 잘 해봐. 10빼기 5는 얼마?"
"6 이요."
"아니야, 다시 잘 생각해봐. 사과 10개 중에서 네가 5개를 먹었어,
그럼 몇 개가 남지?"
그러자 봉수가 얼른 말했다.
"5개 남죠." 선생님이 놀라 되물었다.
"오! 우리 봉수 잘하네! 어떻게 맞췄지?"
"우리 엄마가 먹는 게 남는 거라 했어요."

6-49 큰 일 낼 아이

마을 어른들이 물으면 항상
"저는 테일러씨 딸인데요."라고 대답하는 아이가 있었다.
하지만 그 아이의 엄마는 그렇게 말하는 것은 잘못이며, 이름을 물
으면 "저는 제인 테일러입니다. 라고 말해야 한다고 항상 주의를
주었다.
어느 날 교회 목사님이 그 여자 아이를 보더니 물었다.
"얘야, 혹시 너 테일러씨 딸 아니야?"
그러자 그 아이가 말했다.
"저도 그런 줄 알았는데요, 우리 엄마가 아니라네요."

6-50 산소에서

추석날 온 가족이 산소를 찾아 성묘를 마쳤다.

그리고 가족끼리 둘러 앉아 가지고 간 음식들을 나누어 먹으면서 이
야기 꽃을 피울때쯤 함께 가신 고모님이 말씀하셨다.
　"진이(고모님 아들)가 할아버지, 할머니께 대표로 인사해라."라
고 말씀하셨다. 참고로 진이는 5살이다. 그때 진이가 한 치의 주저
함도 없이 한 말에 가족들은 기절초풍을 했다.
　"할아버지 할머니, 오래 오래 사세요."

7장
남편과 아내

◆

주께서 나의 슬픔을 변하여 춤이 되게 하시며
나의 베옷을 벗기고, 기쁨으로 띠 띠우셨나이다

- 시편 30:11 -

7-1 영감 무겁지

언덕길을 오르던 할머니는 힘이 들어 할아버지에게 업어 달라고 말했다. 할아버지는 남자 체면에 할 수 없이 업었다. 그런데 할머니는 얄밉게 속삭였다.

"무겁지?"

그러자 할아버지는 담담한 목소리로 대답했다.

"그럼! 무겁지. 얼굴은 철판이지, 머리는 돌이지, 간은 부었지, 많이 무겁네." 평지가 되자 지친 할아버지가 말했다. "무릎이 아프니 이제 할멈이 좀 업어줄래."

할머니는 기가 막혔지만 할아버지를 업었다. 그러자 할아버지가 약을 오렸다.

"어때? 생각보다 가볍지."

"그래요. 정말 가벼워요! 머리는 비었지, 허파에 바람 들어 갔지, 양심 없지, 싸가지 없지, 안면 없지 정말 가벼워요"

7-2 아담이 이브 에게

화가 난 아담이 이브에게
"아직 갈비뼈가 많이 남아 있단 말이야."

7-3 아담의 불만

나는 평생 외박 한번 못 해 보았다.

7-4 사랑스러운 말

　어느 여인이 남편을 심히 구박하였다. 그러나 일을 할 때는 예외
였다.
하루는 남편이 말로 밭을 가는데 아내가 점심을 해가지고 들로 나왔다
그런데 그만 말 뒤발에 차여 죽고 말았다. 　장례식장에 온 손님 중
이 남편에게 여자가 말하면 고개를 끄덕이고 남자가 말하면 고개를
젓는 것이 목사님에게 보였다. 　이상하여 이유가 무엇인지 묻자 여
자들은 좋은 분이 사고로 불행을 당했다고 하면 고개를 끄덕이고,
남자들은 그 말 팔지 않겠느냐 ? 묻자 고개를 저었다고 한다.

7-5 물 좀 줘요

　시골에 살던 처녀 총각이 신혼여행을 가서 호텔에 투숙하였다.
욕실에 들어 간 신부가 한참을 기다려도 나오지 않자 신랑이 욕실
문을 열어보니, 신부가 수세식 변기에서 바가지로 그 안에 있는 물
을 퍼고 있었다.
　신부 : " 어유 – 뭔 놈의 호텔이 물이 안 나와요. 눌러서 받을 라고,
하면 기어 들어가고 또 눌러서 받을 라고, 하면 기어들어 가버려요."
　신랑 : " 무식하기는. 여기는 호텔이여 그렇게 하는 것이 아녀, 나
하는 거 잘 봐"
　신랑은 욕조에 달린 샤워기를 입에 가져다 대더니 이렇게 말했다.
"아 마이크 시험 중 아! 아! 사무실 나와, 물 좀 줘유, 물 좀 줘유."

7-6 부부 싸움

여행에서 사소한 일로 싸움을 하고 집으로 돌아오는데 개가 한 마리 옆으로 지나가는 것을 보고 남편이 빈정대며 말했다
"당신 친척이 지나 가는데 인사나 하지 그래"
"안녕하세요, 아주머님"

7-7 최고로 좋았던 시절

목사들 세미나에서 한 유명한 연사가 "나는 최고의 시절을 아내가 아닌 여자의 품에서 보냈습니다." 라고 말하자 사람들은 깜짝 놀랐습니다.
"그런데 그 여인은 어머님이었습니다."라고 그가 말을 잇자 웃음바다가 되었다. 세미나에 갔던 한 목사는 설교 때 그 농담을 써먹기로 했다.
" 나는 최고의 시절을 아내 아닌 다른 여자의 품에서 보냈습니다." 라며 그는 이야기를 시작했다.
사람들은 깜짝 놀랐다. 장로님들은 곱지 않은 눈으로 그를 보았다.
당황한 목사님은 농담의 후반부를 생각해 내려고 안간힘을 쓰면서 10초 가까이 시간이 흐르자 그는 불쑥 한다는 소리가 "그런데 그 여자는 누구였는지 생각나지 않습니다."하였다.

7-8 말 하지 않기

부부는 언쟁 끝에 서로 말하지 않기로 했다.

그렇게 얼마를 지난 후 남편은 취직 면접을 위해 6시에 일어나야 하지만 일어날 수가 없으니 누군가가 깨워 줘야 한다는 것을 깨닫게 되었다.

심사숙고 끝에 그는 메모를 해 놓았다.

"여보! 제발 내일 아침 6시에 깨워 줘요."

이튿날 아침에 깨어보니 8시였다. 노발대발 집안을 발칵 뒤집어 놓고 보니 탁자위에 메모가 있었다.

"일어나요. 6시라고요."

7-9 부부의 소원

남편의 60번째 생일잔치에서 있었던 일.

요정이 나타나 말했다

"당신들은 사는 동안 부부싸움을 한 번도 안 하며 사이좋게 지냈기 때문에 제가 소원을 들어드리겠습니다. 먼저 부인의 소원은 뭐죠?"

"그동안 우리는 너무 가난해서 여행을 못했어요. 남편과 함께 세계여행을 하고 싶어요."

순간 "펑!"소리가 나며 그녀의 손에는 세계여행 티켓이 쥐어졌다.

요정이 이번에는 남편에게 물었다.

"저는 저보다 30살 어린 여자와 결혼하고 싶습니다.

"펑" 소리와 함께 남편은 90살이 되어 있었다.

7-10 폭로 되고 말았다

남자는 여자의 손을 잡고 3일 전에 여자의 손가락에 끼워준 약혼 반지를 자랑스럽게 바라보면서 부드럽게 물었다.
　"당신 친구들이 그걸 칭찬 하던가요."
　"그보다 더 했어요. 그들 중 둘은 이 반지를 알아보더군요,"

7-11 결혼의 뒤안길

여자 : "저는 당신과 모든 고생을 함께 나누고 싶어요."
남자 : "하지만 나는 아무 고생도 하고 있지 않소."
여자 : "결혼 할 때까지 일단 기다려 보시라 구요."

7-12 아내의 비싼 눈물

아내: "당신은 이제 나를 사랑하지 않는군요. 요즘 내가 우는 것을
보면서도 까닭을 묻지 않으니 말예요."
남편: "여보, 미안해- 하지만 그렇게 물을 때마다 나는 큰돈이 필요
했단 말이요.

7-13 천사와 나무꾼

　천사와 나무꾼 이야기 중 천사가 나무꾼을 만나 아주 잘 살고 있
다는 이야기를 듣고 시집이 몹시 가고 싶던 한 천사가 지상으로 내
려와 나무꾼이 잘 다닐만한 못을 찾아 옷을 벗고 목욕을 하며 나무
꾼을 기다렸다.
그런데 드디어 나타난 나무꾼은 거들 떠 보지도 않고 지나갔다.

천사: "무엇 때문에 내 옷을 가지고 가지 않습니까? 나도 댁과 결혼
하고 싶단 말이요."
나무꾼: "사람을 잘 못 보았습니다. 나는 은도끼와 금도끼 이야기에
나오는 나무꾼인걸요."

7-14 순진한 남편

　어느 날 아침 남편은 초인종이 울리자 급한 나머지 아내의 잠옷
을 걸치고, 아래층으로 달려 내려갔다. 그가 문을 열자 느닷없이 우
유배달부가 그에게 키스를 했다. 그래서 그는 순진하게도 우유배
달부의 아내도 틀림없이 이와 같은 잠옷을 입고 있으리라고 결론을
내렸다.

7-15 쌍둥이 효자

　어느 부부가 이혼을 하며 아이는 반으로 나누어 양육 하자고 합의
를 하였다.
그런데 아이가 11명이라 해결이 어려워 목사님을 찾아가 자문을 구했다.
"하나를 더 낳아 6명씩 가지는 것이 좋겠다."고 목사님은 말씀했다.
그래서 다시 살면서 임신을 했는데 낳고 보니 쌍둥이였다. 다시 같
은 문제가 발생하여 목사님을 찾아갔다. "이것은 같이 살라"는 뜻이
니 다시 화해하고 살도록 권면을 받고 다시 살았다.

* 불행 하다고 느끼면, 행복했던 때를 회상하라
  행복이 다시 찾아오고, 감사하게 된다.

* 환경을 탓하지 말라. 생각을 바꾸면 환경은 달라진다.

* 인생은 선택이다. 행복을 택하라.

성도들은 영광중에 즐거워하며,
저희 침상에서 기쁨으로 노래 할 찌어다.
－ 시편 148:5 －

7-16 빚 대신 준 것

아내를 지극히 사랑하지만 돈 버는 데는 재주가 없는 사람이 있었다. 돈 없는 아내를 두고 사업 여행을 떠나면서 송금 하겠노라고 약속하였다. 그러나 약속을 이행하지 못하였는데, 집세를 낼 기일이 되어서 아내는 전보를 보냈다.

"한 푼도 없음. 집 주인 독촉. 송금 요망."

남편이 답장을 보냈다.

"지금 돈 없음 2-3일 내 송금하겠음, 수많은 키스를 보냄."

화가 난 아내가 회답을 보냈다.

"돈 걱정 마오. 집 주인에게 당신이 보낸 키스 하나를 대접했음. 그분은 이만저만 만족이 아니었소."

7-17 아내의 위상

1. 아내란 돈과 같이 소망스런 대상이 되어야 한다. 그러나 결코 돈과 같이 이손에서 저 손으로 떠돌아 다녀서는 안 된다.

2. 아내란 친절한 의사처럼 남편의 건강을 지켜주어야 한다. 그러나 의사처럼 낯선 남성의 아파트를 방문해서는 안 된다.

3. 아내란 즐거움을 주는 사랑스런 나부와 같아야 한다. 그러나 다른 남자들을 즐겁게 하는 그림과 같아서는 안 된다.

4. 아내란 좋은 책처럼 배우자의 교양과 품위를 높이는데 도움이 되어야   한다. 그러나 책처럼 쉽게 남의 손에 들어가서는 안 된다.

5. 만약 당신의 아내가 위의 설명에 들어맞는다면 당신은 아내뿐 아니라. 무한한 값의 보배도 얻는 것이다.

인생은 믿는 대로 이루어진다.

행복하기를 원하는 사람은 행복의 그림을 그리고,
성공하기를 원하는 사람은 성공의 그림을 그리고,
축복 받기를 원하는 사람은 축복의 그림을 그리면 된다..

믿어라, 당신의 인생은 당신이 생각하고 그린 대로 이루어진다.
- 데카르트-

형제들아 만일 사람이 믿음이 있노라하고 행함이 없으면
무슨 이익이 있으리요. 그 믿음이 능히 자기를 구원 하겠느냐.
-약 2:14 -

7-18 아내의 기억

남편이 어느 날 신문의 도난 기사를 읽고 난 다음 중얼댔다.
"사람이란 도둑질을 하게 되면 일생 동안 후회하고 살게 되는가 보오."
그의 아내가 수줍어하면서 대꾸했다.
"여보, 우리가 결혼하기 전에 당신이 저에게서 훔친 키스는 어떻게 생각해요."
"... 지금 내가 말한 것과 마찬가지지요..." 남편은 대꾸했다.

7-19 감격한 마누라

준용은 무서운 숙취에 시달리며 잠에서 깼다.
우선 눈에 띄는 것은 침실탁자 위의 아스피린과 메모.
"여보, 아침식사 따뜻하게 들어요. 나 장보러 가요. 당신 사랑해요."
이런 내용이었다.
방 안은 완벽하게 정돈돼 있었다.
부엌에 가보니 과연 따뜻한 아침이 준비되어 있었다.
12살 된 아들을 보고 "간밤에 무슨 일이 있었느냐?"하고 물었다.
"있잖아요, 아빠가 술에 취해 새벽 세시에 집에 왔어요. 가구를 더러 망가뜨리고 거실 카펫을 더럽히기도 하고요."
준용은 어리둥절했다.
"그런데 어째서 죄다 정돈돼있고 이렇게 깨끗한 거야?"
"그거요! 엄마가 끌어다가 바지를 벗기려 하자
아빠가 '이러지 말아요, 난 임자가 있는 몸이라고요!' 라고 하더란 말이요."

7-20 약점

"여자들은 자기들이 무엇이든 다 알고 있다고 생각하는 거야"
"내 아내는 그렇지 않아. 자기가 알지 못하는 것이 하나 있다고 실토
하고있어."
"그게 뭔데?"
"왜 자기가 나하고 결혼했을까? 하는 거야."

7-21 골동품

　순이와 혜리는 오랜 친구. 두 사람 모두 오래 전에 결혼했다.
순이는 이제 더 이상 남편이 그녀에게 매력을 느끼지 않은 것 같다
면서 속상해했다.
"내가 나이가 드니까 거들떠보지도 않는 것 있지! "라며 순이는 개탄
했다.
"안 됐구나. 그런데 우리 남편은 뭐라는지 알아, 내가 나이가 들면서
날마다 더 예뻐진다는 거야"라고 혜리는 말했다.
"그야 너의 남편 골동품상이잖니?"

7-22 선녀와 나무꾼

　훔친 그녀의 옷이 그렇게 비싼 줄은! 몰랐었다.
그리고 그 할부금이 우리 집으로 오리란 걸.
옆에서 코를 고는 선녀 마누라를 보며 애꿎은 옥황상제만 원망했다.

7-23 불쌍한 남편

　그는 최근에 와서 아내가 자신의 물어보는 말에 제대로 대답을 안 한다는 것을 깨달고 슬픔에 빠졌다. 평생 고생만 하고, 억척스럽게 가정 살림을 꾸려온 아내 이제 귀까지 먹었는가!　전문의의 말대로 어느 정도의 거리에서부터 소리를 알아듣지 못 하는지 시험을 해보기로 했다.

　그는 아파트 현관문으로 들어오면서부터 저녁을 준비하고 있는 아내를 시험해보기로 했다.
　남편: “여보! 오늘 저녁은 뭐야?”
　아내: ...
　너무 멀다는 생각을 하면서 스스로 위로하고 응접실 입구에서 다시 한 번 시험해 보기로 했다.
　남편: “여보! 오늘 저녁은 뭐야?”
　아내: ...
　겁이 났지만 부엌까지는 아직도 조금은 멀다고 생각하면서 부엌으로 들어가면서 다시 한 번 시험하기로 했다.
　남편: “여보! 오늘 저녁 뭐야?”
　아내: ...
　아내의 증상에 절망하고, 미안하고, 연민의 정을 느낀 것이다. 그래서 아내의 등을 살며시 안으며 다정한 목소리로 다시 한 번 같은 질문을 되풀이 했다.
　남편: “여보! 오늘 저녁은 뭐야?”
　그 때 아내가 갑자기 고개를 확 돌리며 이렇게 말하는 것이었다.
　아내: “아니, 도대체 내가 오늘은 칼국수라고 몇 번 말해야 알아 듣겠어요? 도대체 몇 번을!”

7-24 가문의 전통

'머리가 좀 모자라면 어때? 예쁘기만 하면 됐지...' 라고 생각한 남자가 아이큐는 70밖에 안 되지만 몸매가 섹시하고 늘씬한 아가씨에게 프로포즈를 했다.

남자는 당연히 오케이 할 것이라고 생각했었는데 여자가 한참을 심각하게 고민하더니 말했다.

"미안하지만 그럴 수는 없어요."

자존심이 상한 남자가 "이유가 뭐냐?" 고 따지자 여자가 말했다.

"그건 곤란해요. 왜냐하면 우리 집 전통은 집안사람들끼리만 결혼을 하거든요. 할아버지는 할머니와, 아빠는 엄마와, 외삼촌은 외숙모와, 그리고 고모부는 고모와..."

7-25 책에 미친 남편

독서를 무지 좋아하는 남자와 사는 여자가 있었다. 여자는 남편이 책만 보며 시간을 보내는 것이 못내 아쉬웠던지 남편에게 푸념을 늘어놓기 시작했다.

"여보, 제발 책 좀 그만 보시고 간혹 저랑 이야기 좀 할 수 없어요? 당신 주위를 둘러봐요. 온통 책뿐이잖아요. 그리고 머리는 책으로 가득 차 있고 그러니 제가 당신 곁에 있다는 사실조차 잊고 있는 거 아니냐? 고요."

남편은 아내의 말을 듣고 고개를 숙이며

"여보! 정말 미안해."

아내는 이 때다 싶어 계속 다그쳤다.

"당신을 보고 있으면 간혹 제가 책이었으면 하고 생각 할 때가 있어요. 그러면 당신이 나를 봐주기는 할 것 아니겠어요?"

남편은 아내의 말을 듣고 깊이 생각에 잠겨 혼자 중얼거렸다.

"음 그거 참 좋은 생각이군, 그럼 내가 매일 당신을 도서관으로 데리고 가서 더 재미있는 것과 바꿀 수도 있고."

7-26 내 인생 망쳤다고

베트남 전쟁 후 고엽제 사용으로 인한 후유증으로 고생하는 사람들이 정부를 상대로 보상에 관한 협의가 진행되고 있는 때였다.

어느 남자가 베트남 전쟁 때문에 인생을 망쳤다고 정부를 상대로 보상을 받겠다고 나섰다.

정부 관계자: "베트남 전쟁이 당신의 인생을 망쳐놓았다고 하셨나요? 그런데 조사해 보니 댁은 군대를 갔다 온 내용이 없던데요?"

남자: "그건 맞습니다. 그렇지만 제 아내의 전 남편이 베트남 전쟁에서 전사했거든요." 그렇지 않으면 내가 그 여자와 결혼 했겠어요?

7-27 다이아몬드 반지

한 남자가 친구 부부와 함께한 자리에서 자신의 아내에게 크리스마스 선물로 커다랗고 예쁜 다이아몬드 반지를 주었다.

식사를 마치고 두 부인이 화장실을 간 사이에 그의 옆에 있던 친구가 말했다.

"자네 부인, 크리스마스 선물로 승용차를 원했었잖아?"

"그랬지."

"그런데 왜 다이아몬드 반지를 사준거야 ?"

"자네도 한 번 생각해 보게, 어디 가서 가짜 승용차를 구하겠나?"

7-28 다행스런 일

어떤 음악가가 죽음을 앞두고 자신의 가족과 그의 지인들 모두를 모아 놓고 유언을 했다.
"내가 죽거든 나와 평생을 같이 한 나의 플룻을 함께 묻어 주시오."
그가 죽으면서 하도 간곡하게 부탁했기 때문에 가족들은 플룻을 그와 함께 묻어 주었다.
장례를 치르고 난 얼마 후 평소 친하게 지내던 한 친구가 찾아와 그 미망인에게 물었다
"플룻을 묻어 달라고 한 것에 대해 어떻게 생각하세요?"
그랬더니 미망인이 이렇게 말했다.
"그이가 생전에 피아노를 연주하지 않은 것이 참으로 다행스런 일이란 생각이 들었지 않겠어요."

7-29 여행의 동반자

한 항공사가 특별 행사를 실시했다. 그 행사 내용은 남편들이 사업상 여행을 떠날 때 같이 동행하는 부인들을 위해서 특별하게 반액 요금만을 받는 행사였다. 항공사는 이 행사를 통해서 많은 수익을 얻었고 이에 감사하는 마음으로 홍보실을 통해 이번 특별행사에 참여했던 50명의 부인들에게 여행 소감을 묻는 편지를 보냈다.
그런데 항공사의 편지에 한결 같이 돌아온 답장들은 이러했다.
"무슨 여행이었는데요?"

7-30 뒤통수의 주인은?

　아빠는 대부분 소파에 누워서 TV를 보십니다. 그 양옆에 저와 동생이 앉고, 엄마는 주로 거실 바닥에 앉으십니다.

　엄마가 아빠의 시선을 가릴 때가 있습니다. 그럴 때면 아빠는 이렇게 말씀하시죠.

　"거 이봐... 돌 좀 치우지."

　"이건 슈퍼 컴퓨터야 왜 이러셔."라고 그냥 웃으시며 비켜주곤 하셨죠. 월드컵 축구 경기가 있던 날 온 가족이 앉아서 TV를 보고 엄마는 안방에서 기도를 하고 계셨습니다.

　한 참 재미있게 경기를 보고 있던 중 현지 생중계 카메라 앞에 어떤 놈이 뒤통수를 들이 밀어놓고 치우지 않는 겁니다. 아주 주요한 장면이 이었는데
못 보고 말았던 것이죠. 너무너무 짜증나서 동생이랑 저는

　"아이... 저거 뭐야?" 해 가면서 답답해하고 있는데, 아버지는 그냥 누워서 아무 말도 안하셨죠.

　조금 후

　화면에서 뒤통수가 사라진 후 다시 중계방송을 재미있게 보기 시작했다.

　그 때까지 아무 말 없이 계셨던 저희 아빠가 절 부르셨습니다.

　"야"

　"예"

　대답했더니 저희 아빠의 정말, 정말 엽기적인 한마디.

　"안방에 엄마 있나 한 번 가봐라."

7-31 공처가

사람들이 죽어 하늘나라에 갔다.

하나님은 남자들을 두 줄로 서라고 하였다. 한 줄은 아내를 지배하고 산 남성들이 서고, 다른 줄은 아내에게 지배를 당하고 산 남자들이 서라고 하셨다.

아내에게 지배를 당하고 산 남자의 줄은 끝없이 이어지고, 여자를 지배하고 산 남자의 줄에는 단 한 남자가 서게 되었다.

하나님은 화를 내며 남자는 여자를 지배하고 살도록 내가 창조하였거늘 너희들 창피한 줄이나 알아라.

저 사람을 보라 혼자 당당하게 서 있지 않느냐 "어떻게 그 줄에 서게 되었는지 말해보게."

그랬더니 그 사람 왈

"집 사람이 사람 많은데 서지 말라고 해서 이 줄에 섰습니다."

7-32 나도 밖에 안 나오지

오랫동안 함께 해 온 노부부가 외출을 했다.

그런데 할아버지와 할머니가 길을 걷고 있는데 아주 짧은 미니스커트를 입은 아가씨가 옆을 지나가는 것이 아닌가.

그때 할머니가 아가씨의 얼굴을 보고 소리 쳤다.

"내가 저렇게 생겼으면 밖으로 안 나오겠다."

그러자 옆에서 듣고 있던 할아버지가 말했다.

"당신이 저렇게 생겼으면 나도 밖에 안 나오겠다."

7-33 신기한 엘리베이터

　시골 할아버지가 서울 구경을 와서 여의도 63빌딩에 갔다.
거기서 난생 처음 엘리베이터라는 것을 보았다. 생긴 것부터 하도 신
기해서 그 앞을 기웃거리고 있는데 늙은 할머니가 그 안으로 들어가
자 스르르 문이 닫혔다. 야단났다 생각하고 있는데 이게 웬일인
가? 조금 후에 거기서 젊은 아가씨가 나오는 게 아닌가. 그걸 본
할아버지가 탄식했다.
　"아까워라! 이런 게 있는 줄 알았으면 우리 집 할망구를 데리고 오
는 건데…"

7-34 장갑 사이즈

　어떤 남자가 아내에게 장갑을 사 주기 위해 상점엘 갔다.
그런데 막상 장갑을 사려니 크기를 알 수가 없었다.
상점 여직원이 친절하게 물었다.
　"사이즈를 모르시겠다. 구요? 그럼 저의 손을 만져보세요"
　남자는 여직원의 손을 만지작거리고는 장갑을 하나 골랐다 물건을 사
가지고 돌아가던 남자는 주춤거리더니 다시 상점으로 와서 수줍게 말했다.
　"기왕 사는 김에 브래지어도 하나 살까 하는 데요"

7-35 소원 성취

　결혼한 지 오래 된 부부가 동전을 던지고 소원을 비는 우물가에 도
착 하였다.

여자는 몸을 굽히고 소원을 빌고는 동전을 던졌다.

남자도 그의 소원을 빌기로 했다. 그런데 몸을 너무 많이 굽히는 바람에 그만 우물에 떨어져 익사하고 말았다.

순간 여자는 깜짝 놀랐지만 곧 얼굴에는 웃음이 떠올랐다.

"정말로 들어주네."

우리아이 교육2

우리 아이에게 하늘의 새들과, 맑은 햇살 속의 별들과,
푸르른 언덕의 꽃들과 함께 할 명상의 시간을 주시고,
컨닝한 일등보다 정직한 낙제생이 더 명예롭다는 것을 가르쳐 주십시오

원수가 있다면 아이와 같이 늘 함께 할 친구도 있다는 것을 가르쳐 주시오.
질투와 시기를 멀리하게 해 주시고, 조용한 미소의 만족을 가르쳐 주시오.

– 아브라함 링컨이 선생님에게 보낸 편지에서

마땅히 행할 길을 아이에게 가르치라.
그리하면 늙어도 그것을 떠나지 아니하리라.

– 잠 22:6 –

8장
넌센스 큐즈

◆

나는 웃음의 능력을 보아왔다.
웃음은 거의 참을 수 없는 슬픔을 참을 수 있는 어떤 것으로
더 나아가 희망적인 것으로 바꾸어 줄 수 있다.

- 봅 호프 -

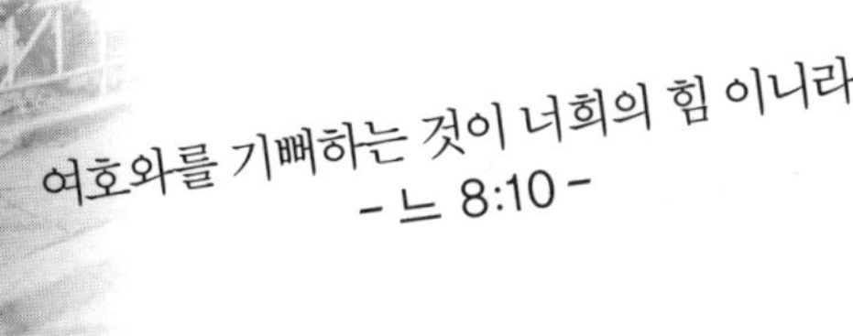

8-1 가난한 동내

일원동, 송파구의 삼전동, 노원구

8-2 퀴즈

여자들이 제일 좋아 하는 책은 ? 수표책

불임 여성들이 좋아 하는 책은 ? 애배소서(에배소서)

성경 중에 가장 짧은 장은 ? 117장

성경 중에 가장 짧은 절은? 살전 5장 16절

성경 중에 가장 두꺼운 장은? 겔장

8-3 동내이름

학생들이 좋아 하는 동내는 – 방학동
신사동 옆 동내 이름은 – 숙녀동

8-4 버섯과 우산

버섯이 우산과 같은 모양을 하는 이유는?

습한 곳에서 자라기 때문이다.

8-5 엉터리 이유

여자의 엉덩이가 큰 이유?
요강에 빠지지 않기 위해

8-6 산부인과 안에서

어느 부부가 결혼한 지 일 년 만에 딸을 낳았다.
아내 : "눈이랑 코, 입, 귀, 모두 당신을 꼭 닮았군요. 참 귀엽죠?"
남편 : "쳇, 진짜 중요한 건 당신을 닮았는데"

8-7 심장의 무게는

심장의 무게는 얼마 일까?
4근이다...(두근두근)

8-8 농아 마을

미국에 가면 농아들이 모여 사는 동네가 있습니다.
"어디 일까요?"
"버버리 힐스 입니다."

8-9 두 귀가 없다면?

정신과 의사가 환자에게 물었다
"한쪽 귀가 없다면 어떻게 될까?"
"그야 잘 못 듣지요"
"그러면 두 귀가 없다면 어떻게 되겠습니까?"
"앞을 못 보게 되겠지요." 안경을 쓸 수 없으니까.

8-10 줄임 말

1. "남자는 다 도둑놈 이다"를 3자로 줄이면 – 경험담
2. "할배 발이 크다"를 4자로 줄이면 – 노발대발
3. "부자와 가난한 사람"을 다른 말로 표현 하면 – 맨션이냐, 맨손이냐.
4. "소는 소인데 무슨 소인지 몰라요"를 4자로 표현 하면 – 모르겠소
6. "선풍기를 틀어 놓고 자다가 죽은 사람"을 9자로 표현 하면 –
   바람과 함께 살아지다.
7. "아홉 명의 자식을 3자로 표현 하면" – 아이구
8. "소가 웃는 소리를 3자로 표현 하면" – 우하하
9. "씨름선수들이 쭉 늘어섰다"를 3자로 줄이면 – 장사진
10. "옷을 홀딱 벗은 남자의 그림을" 4자로 표현 하면 – 전라남도
11. "청소하는 여자"를 3자로 표현 하면 – 청소년
12. "고추잠자리"를 2자로 표현 하면 – 팬티
13. "이 비가 로스앤제래스로 갈 예정이다"를 4자로 표현 하면
    – LA갈비

8-11 발을 들고 춤추는 이유?

발레리나가 발돋움을 하고 춤을 추는 이유는?
음악이 들리지 않을까 염려해서.
자는 손님을 깨우지 않기 위해.

8-12 퀴즈

1. 이 치과에는 어떤 사람이 찾아 갈까?
   옳고 그른 것을 따지기 좋아 하는 사람들.

2. 만약 이 순신 장군이 지금까지 살아 있다면 어떻게 되었을까?
   인구가 한 사람 늘고, 그가 나이가 제일 많아 기네스북에 오를 것이다.

3. 정원이 100명인 배에 99명이 타고 임신부가 한명 탔다. 그런데 배
   는 가라 앉아 버렸다. 이유는? 잠수함이라서.

4. 스님이 오토바이를 타고 가는데 갈림길이 나왔다. 스님은 어디로
   갔을까? 절로 갔다.

5. 인공위성이 지구를 빙빙 돌고 있다. 이유는?
   정거장이 없어서

6. 사공이 아주 많으면 배는 어디로 가는가?
   정원 초과로 가라앉는다

7. 발바닥 한 가운데가 움푹 파진 이유는?
   지구가 둥글기 때문이다.

8. 서울 시민 모두가 한꺼번에 소리를 지르면 무슨 소리가 될까?
   천만의 말씀

9. 아침에 일어나 왜 하품을 하고 나서 우유를 마실까?
   하품을 하면서는 못 마시니까.

10. 고양이 가면을 쓰고 놀 때는 '야옹' 하고, 강아지 가면을 쓸 때는
    '멍 멍' 한다. 그러면 오징어 가면을 쓸 때는 무슨 소리를 낼까?
    "함 사세요."

11. 외쪽에 서면 좌익, 오른 쪽에 서면 우익, 앞에 서면 선동 세력, 뒤
    에 서면 배후 세력, 그러면 중간에 서면 무슨 세력인가?
    핵심 세력

12. 헌 법을 뜯어 고쳐도 새 법이 안 되는 이유는?
    헌법이니까

13. 지폐나 동전의 할아버지 얼굴에는 왜 웃는 얼굴이 없나요?
    팔려 가는 신세가 되었는데 무엇 좋아 웃겠나.

8-13 넌센스 퀴즈

1. 아몬드가 죽으면 어떻게 되는가?

다이아몬드

2. 미소의 반대말은?   당기소.

3. 길에서 죽은 사람을 무엇이라고 하는가? 도사

4. 개가 한쪽 다리를 들고 오줌을 누는 이유는?
   두 다리를 들면 넘어 지니까.

5. 뒤에서 소리가 나면 뒤 돌아 보는 이유는?
   뒤에는 눈이 없으니까.

6. 서울의 1번지는 시청이다. 시청에서 가장 먼 동네는? 만리 동

7. 돌보다 강한 물질은 무엇일까 ?
   머리카락(돌대가리를 뚫고 나오니까.)

8. 호수에 뜬 달이 크게 보이는 이유는?   물에 불어서

9. 철보다 강한 것은?
   국회의원의 수염 (철판 얼굴을 뚫고 나오니까)

10. 낙엽을 소리 나는 데로 적으면? 바스락

11. 벌래 중에 발이 없는 벌레는? 바퀴벌레

12. 사과를 먹다 벌레를 발견 하는 것보다 더 끔찍 할 때는?
   반만 남은 벌레를 발견 했을 때

13. 이쪽 벽이 저쪽 벽보고 한 말은? 구석에서 만나자.

14. 어부들이 가장 싫어하는 가수는? 배 철수

15. 타이슨의 핵주먹이나 헤글러의 무쇠 주먹을 이기는 것은? 보

16. 물고기의 반대말은? 불고기

17. 신경통 환자가 가장 싫어하는 악기는? 비올라

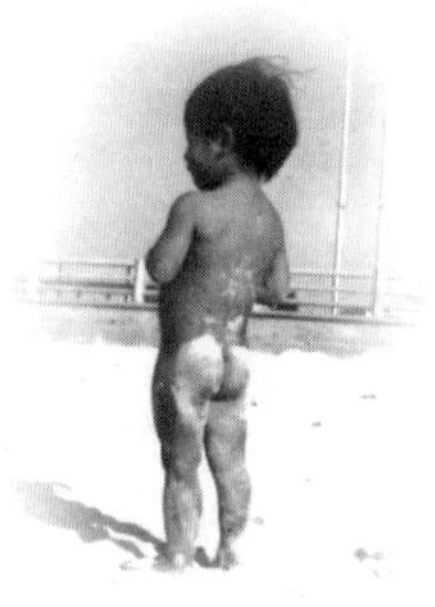

행복해 지는 방법 5

* 사방이 다 막혔으면 위를 보라

  풀리지 않는 문제는 없다. 세상 사람들은 세월이 약이라 하나,

  하나님을 믿는 사람들은 예수 그리스도께서 해결해 주시고, 축복

  하여 주시리라 믿는다.

그리스도를 섬기는 자는 하나님께 기뻐하심을 받으며
사람에게도 칭찬을 받느니라.
-롬 14:18-

8-14 두발용

　샤워를 하고 나온 시골 사람은 아프터 세이브 로숀, 밀크 로숀을 바르고 보니, 두 발용 크림이 보였다.
　그래서 그것을 두 발에 발랐다나.

8-15 참새는?

　참새는 걸을 때 어느 다리부터 가는지 아십니까?
　양다리가 동시에 뛰어 갑니다.

8-16 퉁퉁한 나! 이럴 때, 황당하다

* 전자식 저울에 올라갔는데 ERROR(무게 초과)이 찍힐 때.
* 배고파 죽겠는데 내 똥배 보고,
　"너는 배불러 좋겠다" 할 때.

8-17 양파를 까면

　"양파를 까면 무엇이 나 오는가?"
　"눈물이 나온다."

8-18 머리를 감을 때

"머리를 감을 때 제일 먼저 감는 곳은?"
"눈부터 감는다."

8-19 네팔에서

네팔 이란 – 내 두 손 뒤에 하나님의 두 손이 있다는 뜻.
안나푸르나 봉 – 항상 구름 속에 가려져 있다가 얼굴을 내밀면서
　　　　　"안나! 푸르나 봐라" 한데서 유래했다나?
캇두만두 – 깍두기 만두를 영국인이 Cut 만두라 불렀다나?

8-20 그렇긴 하지만

　문학을 가르치는 선생이 '이 광수'를 대변하는 단어 하나만 말해
보라고 했다. "고인입니다."

8-21 넌센스 퀴즈

"톰 왜 크리스마스에는 교회 종이 울리지?"
"웅, 그것은 누군가 종의 줄을 당겨서 그렇지."

쓰레기통에 뚜껑이 닫혀 있는 이유는?
먼지 들어 갈까봐.

뉴코아 백화점이 무너지지 않는 까닭은?
리본으로 묶어 놓았기 때문이다.

5 * 5 = 25, 10 *10 = 100, 100 * 100 *100 = ?
피가 나온다.

8-22 현문우답

성숙한 여인들이 한 달에 한 번씩 치르는 행사 – 반상회

학교와 핵교의 차이점 – 학교는 다니는 곳이고, 핵교는 댕기는 곳

국시와 국수의 차이점 – 국시는 밀가리로 만들고, 국수는 밀가루
로 만들었다.

누룽지를 영어로 말하면 – Babby Brown

탤런트 최지우가 기르는 개 이름은 –지우개

눈과 구름을 가르는 칼을 세 글자로 하면 – 설운도

'특공대' 란 특별히 공부도 못하면서 대가리만 큰 아이

'돌격대' 란 돌도 격파 할 수 있는 머리

성자와 어리석은 자

우리가 우리 죄를 고백하면 신실하시고 의로우신 하나님은 우리 죄를
용서하시고 모든 죄악에서 우리를 깨끗케 하실 것입니다.
- 현대인의 성경   요일 1:9 -

8-23 백설 공주란?

백방으로 설치는 공포의 주둥아리란 말의 준말이다.

8-24 변종 비아그라

1. 불임부부를 위한 획기적인 – 애 배그라

2. 밥을 안 먹는 아이들의 식욕을 돋아주는 – 밥 묵으라

3. 비가 안 올 때 대책 약 – 비 오그라

4. 새로운 변비 치료제 – 또 사그라

5. 성적을 쑥쑥 올려주는 두뇌 활성제 – 올리그라

6. 불면증 환자를 위한 수면제 – 푹 자그라

7. 피로 회복제 – 푹 쉬그라

8. 성장 촉진제 – 자라그라

8-25 술의 효용

칵테일 석 잔이 남자의 뱃속에 들어가는 것보다 여자를 더 아름답게 보이게 하는 것은 없다. (리차드 B. 네프)

8-26 가고 싶은 동네

개척 교회 목사가 제일가고 싶은 동네는?
안양에 있는 부흥동

8-27 박찬호

박찬호가 더운 지방 야구단과만 계약을 하고 활동 하는 진짜 이유는?
"더운 지방에서는 그런 데로 대우를 받지만 추운 지방에 가면 진짜
'찬 호박' 신세 되지 않겠어?"

8-28 정치인이 되려면

젊은 정치 지망생이 찾아와 바른 정치인의 길을 묻자 DJ가 반문했다.
"자네, 친척들 많은가?"
"네." 그러자 DJ가 안타깝다는 듯 말했다.
"그렇다면 포기하게나, 친인척이 많으면 나중에 비자금 문제가 터
졌을 때 되게 미안하다네."

8-29 수능시험의 세 가지 거짓말

출제위원 : 이번 수능시험은 정상적인 고등학교 과정을 이수한 학
생이라면 누구나 쉽게 풀 수 있는 문제만 출제 했습니다.
언론 : 올 수능시험은 과외가 필요 없었습니다.

수석합격생 : 잠은 충분히 자고, 과외나 학원은 한 번도 받은 적도
가본적도 없어요. 학교 공부만 충실히 하였습니다.

8-30 도둑도 할 말은 있다.

경찰 : 야 임마, 직업이 뭐야.
도둑 : 빈부 차이를 없애려고 노력하는 평준화 운동가입니다.
경찰 : 넌 꼭 혼자 하는데 짝은 없나?
도둑 : 세상에 믿을 놈이 있어야지요.
경찰 : 마누라도 도망갔다면서?
도둑 : 그거야 또 훔쳐오면 되죠.
경찰 : 도둑은 휴가도 없나 ?
도둑 : 잡히는 날이 휴가죠.
경찰 : 아들 학적부에 아버지 직업을 뭐라고 적나?
도둑 : 귀금속 이동센터 운영.
경찰 : 가장 슬펐던 일은?
도둑 : 내가 훔친 시계를 마누라가 팔러갔다가 날치기 당했을 때죠.
경찰 : 그때 마누라가 뭐라고 하던가?
도둑 : 본전에 팔았다고 하대요.
경찰 : 자녀 교육은 어떻게 시키나?
도둑 : 정직하고 충성스럽게 살라고 교육 시킨다.

8-31 음식 주문

밤샘 작업을 하다가 배고픔을 참지 못하고 승국은 직원들을 데리

고 중국집에 갔다.

"아저씨, 짜장 셋, 짬뽕 둘, 만두 하나, 탕수육 하나, 우동 하나, 간짜장 둘, 팔보채 하나, 단무지 많이." 라고 말했다.

주인아저씨는 머리를 긁적이며 주방으로 갔다. 못 외우는 같았다.

그러나 주방장한테 단 다섯 글자로 주문을 말하는 것이 아닌가. 주방장한테 하는 말.

"너도 들었지?"

8-32 신문

아버지는 봉이에게 심부름을 시켰다,
"할아버지에게 가서 신문 좀 가져오너라."
"할아버지 신문 다 보셨어요?"라고 물었다.
할아버지 왈
"이 녀석아 신문을 다 보는 사람이 세상에 어디 있느냐?"

8-33 신사의 잔머리

거지가 부티 나는 신사에게 배가 고프니 5천원만 적선하라고 했다.
신사 : 어쩌나? 잔돈 가진 것이 없네. 대신 술을 대접하면 안 되겠나?
거지 : 고마운 말씀입니다만 저는 술을 못 합니다.
신사 : 그럼 담배를 사주지.
거지 : 아닙니다. 피지 않습니다.
신사 : 그럼 경마장엘 가세. 내가 자네 말에 돈을 걸어줄 테니...
거지 : 아닙니다. 도박은 아예 하지를 않습니다.

신사 : 그래 ? 잘 됐네. 우리 집에 가서 식사를 하세. 사내가 담배도
　　　 안 피고, 술도 안 마시고, 도박도 안 하면 어떤 꼴이 되는지
　　　 우리 마누라한테보여 줘야겠어.

3-34 나쁜 사람

아들 : "엄마, 거짓말하면 나쁜 사람이야?"
엄마 : "그럼! 너 거짓말이 버릇이 되면 커서 정치인 된다."

8-35 요즘 세상에...

고양이가 쥐를 보고 쫓다가 그만 놓쳐버렸다. 아슬아슬한 찰나에 구멍으로 들어가 버린 것이다. 그런 쥐구멍 앞에서 기다리던 고양이가 갑자기 "멍멍! 멍멍!"하고 짖어댔다.
"뭐야, 이거 바뀌었나?"
쥐가 궁금하여 머리를 구멍 밖으로 내미는 순간 고양이가 잽싸게 나꾸어 챘다. 그리고 고양이의 의기양양한 한마디.
"요즘 같은 세상에 먹고 살려면 적어도 2개 국어는 해야지!"

8-36 이런 남자들

중앙에 머리가 없는 남자는? – 속알 머리 없는 남자
중앙에만 머리가 있는 남자는? – 주변 머리 없는 남자

8-37 불쌍한 여자

한 때 창밖의 여자 노래가 유행 하였다. 그런데 그보다 더 불쌍한 여자는 잊혀진 여자이다. 그러면 그보다 더 불쌍한 여자는?
창틀에 낀 여자!

♥ ♥

남여간의 사랑은 결혼서약으로 부부가 되고
가정을 이루어 간다.

그런 즉 너희는 이 언약의 말씀을 지켜 행하라.
그리하면 너희의 하는 모든 일이 형통하리라
- 신 29:9 -

9장

격언 속담 및 상식

◆

내가 헛되이 살았다고 생각하는 때는
웃음이 없었던 날들이다.

- 봅 호프 -

시온에서 슬퍼하는 사람에게 희망을 주어라.
재를 뒤집어썼던 사람에게 빛나는 관을 씌워 주어라.
상복을 입었던 몸에 기쁨의 기름을 발라주어라.

- 이사야서 61:3 -

9-1 아버지의 가르침

청문회에 참석한 현철은 모든 질문에 대해 '잘 모르겠다' 고 일관 했다.
그러자 한 국회의원이 말했다.
"당신 머리가 그렇게 나빠서 어떻게 살아?"그러자 현철이 대답하
기를. "아버지가 말씀하시길 건강은 못 빌리지만 머리는 빌릴 수 있
다고 해서 걱정 하지 않습니다."

9-2 화장실에서

젊은이여! 당장 일어나라.
그대는 지금 그렇게 앉아 있을 때가 아니다.

당신이 사색(思索)에 잠겨 있는 동안
밖에 있는 사람은 사색(死色)이 되어 간다.

당신이 밀어 내기에 힘쓰는 동안
밖에 있는 사람은 조이기에 힘쓴다.

9-3 남녀 차이

남자는 호주머니에 돈이 많을 때 거만하고,
여자는 예쁘다는 말을 들을 때 거만해진다.

9-4 상식 문제

어째서 하나님은 이브를 만들기 전에 아담을 만들었나?
아담을 만드는 과정에서 간섭 받지 않기 위해

9-5 직업과 노래

대령이 가장 좋아하는 노래 – 저 별은 나의 별
어부가 제일 싫어하는 노래 – 바다가 육지라면
화장품 가게 주인이 제일 싫어하는 노래 – 거울도 안 보는 여자

9-6 결혼, 이혼, 재혼의 법칙

결혼은 "판단력 부족으로 인해 이루어지며"
이혼은 "인내력 부족으로 인해 이루어지며"
재혼은 "기억력 부족으로 인해 이루어진다."

9-7 불지 않는 바람

"아빠, 하나 물어 봐도 돼?"
"되고말고."
"그럼, 바람이 불지 않을 때 바람은 어디 있어요?"
" … "

9-8 여자가 강한 이유

여자는 나중에 창조 하였을 뿐 아니라, 뼈로 만들었기 때문에 남자보다 강하다.

9-9 포장 재료

어느 부자가 죽어서 천국에 가게 되었는데 천사에게 사정사정 하여 재산을 가져가게 되었다. 모든 재산을 팔아 금을 사서 가져갔다.
그런데 천국에 도착하니 마중 나온 천사가 말했다. "무겁게 포장 재료를 무엇 때문에 가져 왔느냐"고 하였다.

9-10 청구서까지 보낼 수 있다

"의사라고 하는 것이야 말로 이 세상에서 가장 위대한 직업이야. 다른 어떤 직업에서 남자가 여자에게 옷을 모두 벗으라고 명령하고, 게다가 여자의 남편에게 청구서를 보낼 수 있단 말인가?"

9-11 가장 힘든 직업

1. 손으로 일 하는 자는 노동자.
2. 손과 머리로 일 하는 자는 기술자
3. 손과 머리와 마음으로 일 하는 자는 예술가
4. 손과 머리와 마음과 발로 일 하는 자는 판매원이다.

내려놓음

세상의 진리는 우리가 내려놓으면
모두 빼앗긴다고 유혹하지만
하늘의 진리는 우리가 내려놓을 때
온전한 우리 것이 된다고 약속한다.

- 이 용규 선교사의 글에서

무릇 지킬 만한 것보다 더욱 내 마음을 지키라
생명의 근원이 이에서 남이라.
- 신 29:9 -

9-12 격언

* 남자는 느낌이 나이를 말하고, 여자는 외모가 나이를 말한다.

* 약속은 갚지 않은 빚이다.

* 사랑은 여자의 생애 전체의 역사이지만, 남자의 생애에서는 그것
  은 하나의 삽화에 불과하다.

* 가르치는 것은 두 번 배우는 것이다.

* 분주한 벌은 슬퍼할 시간이 없다.

* 모든 사람을 칭찬하는 사람은 아무도 칭찬하는 것이 아니다.

* 우리에게 생명을 준 신은 동시에 우리에게 자유를 주었다.

* 결혼 전에는 눈을 번쩍 뜨고 있고, 그 후에는 반을 감아라.

* 충성스런 친구가 셋이다... 노처와 노견과 현금이다.

* 어리석은 자는 자기가 똑똑하다고 생각하지만, 똑똑한 자는 자기
  가... 어리석음을 안다... 셰익스피어

* 결핍의 연속이 인생이며, 향락의 연속은 아니다... 사무엘 존슨

* 엄격한 뜻으로 말한다면 민주주의는 지금까지 없었고, 앞으로도
  결코 존재하지 않을 것이다... 루소

9-13 가장 먼 거리

이 세상에서 가장 먼 거리는 ?
머리에서 가슴까지 (머리로는 이해가 되지만 가슴으로 느끼고 실

행 하는 것은 매우 어렵다는 뜻)

9-14 법과 나라의 특성

비교 국제 법은 참으로 재미있다.

영국에서는 법적으로 금지 되어 있지 않는 것은 무엇이라도 허락 된다.

독일에서는 법적으로 허락되지 않은 것은 무엇이라도 금지 된다.

러시아에서는 모든 것이 금지 되어 있다. 허락 된 것조차 금지된다.

프랑스에서는 모든 것이 허락되어 있다. 금지된 것조차 허락된다.

그리고 한국에서는 금지된 것이라도, 허락된 것도 협상의 대상이다.

9-15 슬기로운 충고

개발도상국에서는 물을 마시지 말고, 선진국에서는 공기를 마시지 말 것.

9-16 장군 멍군

남자 : "가실까요? 저희 집? 아님 아가씨 집?"

여자 : "둘 다요. 아저씨는 아저씨 집, 저는 우리 집."

남자 : "혹시 연락처라도..."

여자 : "전화번호부에 있어요."

남자 : "이름을 잘 모르는데요."

여자 : "그것도 전화번호부에 있어요."
남자 : "아가씨 생년월일을 알 수 있을까요?"
여자 : "아예 주민등록번호를 알려드리지요. 3 *****-1 ****** !"

남자 : "전 여자가 뭘 원하는지 아는 남자죠."
여자 : "그래요? 그럼 금방 가시겠네요."

남자 : "당신의 몸은 성당과 같이 고결합니다."
여자 : "미안해요. 오늘은 미사가 없는 날이군요."

남자 : "당신에게 저의 뭐든 다 바치겠습니다."
여자 : "잘됐군요. 우선 아저씨 카드부터 시작하지요."

9-17 촌언

잘살 때 흥청대는 자는 역경에서 사람 구실을 못한다.
욕심이 제일 적은 사람이 제일 부자다.

9-18 취중에 본성이 드러난다.

취하게 되면 나라마다 사람들은 일정한 모양으로 행동하는 버릇이
있다.
프랑스인은 취하게 되면 춤을 추려고 한다.
독일인은 노래 부르고,
스페인 사람은 도박을 하고,

영국인은 먹기를 좋아하고,
이태리인은 허풍을 떨고,
아일랜드인은 싸우고,
미국인은 장황하게 말을 뇌까린다.
한국인이 술에 취하면 어떻게 하는지 한 번 생각해 볼 일이다.

9-19 여자를 공에 비유한다면

10대 = 축구공... 여러 명이 쫓아다닌다.

20대 = 농구공... 쫓아다니는 수가 줄었다.

30대 = 골프공... 한 명만 죽자 살자 쫓아다닌다.

40대 = 탁구공... 서로 남에게 미룬다.

50대 = 피구공... 모두 피한다.

9-20 아가씨와 아줌마의 차이점

목욕탕에서 수건을 몸에 두르면 아가씨
머리에 두르면 아줌마.

파마할 때 예쁘게 해달라고 하면 아가씨.
오래 가게 해달라면 아줌마.

의자에 앉을 때 다리를 꼬면 아가씨.
한쪽 다리 접어 앉으면 아줌마.
모임에서 서로 "언니, 언니" 하면 아가씨.

"형님, 형님" 하면 아줌마.
　버스를 탓을 때 빈자리가 있을 경우 주위를 살피고 앉으면 아가씨
　앉고 나서 주위를 살피면 아줌마.

　운전 할 때 선그라스 끼면 아가씨.
　흰 장갑에 창모자 쓰면 아줌마.

　하이힐 신고도 뜈 수 있으면 아가씨.
　운동화 신고도 못 뛰면 아줌마.

9-21 우리나라에 온 다섯 과학자

　일본의 발전을 보고, 우리나라에도 과학자가 있어야 되겠다고 생각한 나머지 주영이는 하나님에게 과학자 다섯 명만 보내달라고 기도하였다.
　그래서 아인슈타인, 퀴리 부인, 에디슨, 갈릴레이, 뉴턴 이렇게 다섯 명을 보냈는데 몇 십 년 후에 보니까 글쎄...
　퀴리 부인은 대학을 졸업했으나 얼굴이 못 생겼다고 취직이 되지 않아서 아직도 놀고 있고,
　에디슨은 발명을 많이 해서 특허 신청하려고 하는데 초등학교밖에 나오지 못해서 맞춤법이 틀리다고 특허신청 서류 미비로 놀고 있고,
　또 아인슈타인은 수학만 잘하고 다른 건 못해 대학도 못 가고 놀고 있고, "그래도 지구는 돈다."고 반대하길 좋아하는 갈릴레이는 정부안에 반대 하다가 연구소에서 쫓겨나 놀고 있고,
　마지막으로 뉴턴은 대학원까지 갔는데 졸업 논문을 교수들이 이해하지 못해서 대학원 졸업을 못하고 있다나?

9-22 죄와 벌

　시골 목사가 여행에서 돌아오자 술꾼으로 악명 높은 신도가 철도 역에서 그를 맞았다.

　"별일은 없어요."하고 목사는 물었다.

　"큰일 났습니다 목사님. 토네이도가 와서 저의 집을 쓸어 버렸습니다."

　"저런, 저런, 그럴 줄 알았어요. 그런 식으로 살면 안 된다고 내가 경고했잖아요. 반드시 벌이 따라오게 마련입니다. "

　"목사님 집도 파괴 되었는데요."라고 그는 말했다.

　"그래요?"라며 목사님은 혼비백산했다.

　"주님께서 하시는 일은 우리들로서는 도무지 알다가도 모르겠군."

10장

부모와 자식

◆

웃음은 마음의 치료제일 뿐 아니라 몸의 미용제이다.
당신은 웃을 때 가장 아름답다.
－칼 조세프 쿠쉘－

의인의 혀는 천은과 같거니와 악인의 마음은 가치가 적으니라.
－ 잠 10:20 －

10-1 왕비의 남자

　궁전 발코니에서 신하들을 향해 손을 흔들던 임금님은 그 군중 속에 놀랍도록 자기를 닮은 거지를 발견 했다.
왕은 근위대원을 시켜 그 거지를 불러오게 했다. 왕은 당신처럼 선왕께서도 명실상부한 호색가였다는 것을 익히 알고 있는 터였다.
　"그대의 모친이 혹 시녀 였으렸다."하고 임금은 미소를 머금고 물었다.
　"아니 옵니다 폐하, 쇤네의 어머니가 아니오라 아버지가 궁의 시종이었사옵니다."

10-2 겁주는 아버지

　어떤 사람이 수술을 받게 되었는데 집도 할 의사는 그의 아들이었다.
수술대에서 마취를 기다리던 어르신은 아들에게 말했다.
　"애, 네가 알아 둬야 할 게 한 가지 있다.
　혹, 나한테 무슨 일이 생기면 말이다. 너의 어미는 너한테 가서 함께 살게 될 것이다."

10-3 졸속

　아들은 아버지의 생일 기념으로 정장 한 벌을 맞춰드리기로 했다.
그래서 그 고장에서 이름 있는 양복점으로 갔다.
　주임 재단사는 수치를 재고 나서 "옷이 다 되려면 30일이 걸릴 겁니다. 라고 했다, "30일씩이나요?" 아버지는 불평을 했다.

"아니 하나님은 세상 만물을 엿새 동안에 만들어내지 않았습니까!"

"그럼요 그랬죠. 그래서 요즘 세상 꼴이 어떠한지 어디 좀 보시죠."

10-4 아빠 자랑

세 녀석이 제 각기 아빠 자랑을 했다.

"우리 아빠는 100m를 7초에 달린단 말이야"라고 한 녀석이 말했다.

"그건 아무것도 아니야. 우리 아빠는 어찌나 빠른지 활을 쏘고는 미처 그것이 과녁에 가닿기도 전에 거기 가 있단 말이야"라고 두 번째 녀석이 말했다.

"겨우 그 정도야! 우리 아빠는 공무원인데 퇴근 시간이 5시이지만 어찌나 빠른지 4시30분까지 집에 와 있단 말이야" 세 번째 놈이 말했다

10-5 아들과 엄마

아들 : "엄마! 아빠는 왜 대머리야?"

엄마 : "응 그건 아빠가 너무 똑똑해서 그래. 머리가 좋으면 그렇게 빠지는거야."

아들 : "그럼 엄마는 머리털이 왜 그렇게 많아?"

10-6 굿 모닝

손자가 할아버지에게 아침 인사를 했다.

"할아버지 굿 모닝."
"구 머시기?"
"에이, 영어로 '좋은 아침' 이라는 인사에요"
실력을 과시 하기위해 아침 식사를 준비 하는 할머니 귀에 대고
조용히 말했다.
"굿 모닝"
그러자 할머니가 말했다.
"무슨 국이기는, 오늘은 감자 국이여."

10-7 자식이 먼저 안다.

아버지와 아들은 거실에서 책을 읽고 있었고, 그동안 어머니와
딸은 부엌에서 그릇을 씻고 있었다.
갑자기 그릇이 바닥에 부딪혀 깨지는 소리가 났다. 그리고 조용했다.
"엄마가 깨뜨렸어요." 아들이 말했다.
"어떻게 알아?" 아버지가 물었다.
"엄마가 말이 없기 때문이지요."

10-8 역사는 되풀이 된다.

아버지: "우리 애가 역사 과목에서 어떻습니까?"
나 자신도 그 과목에서 신통치 못 했어요.
선생: "역사는 되풀이 되고 있습니다."

10-9 대용품 어머니

걸려온 전화는 어린아이의 목소리였다.
 "엄마, 이리 와서 날 데려가 줘, 영화 끝났어."
자기 아들의 목소리가 아닌 것을 알고서 부인은 전화 목소리에 자기
는 너의 엄마가 아니라고 말해 줬다.
그러자 한동안 말이 없다가 어린 소년은 말했다.
 "엄마가 되어 주세요. 전화를 걸 동전도 이것이 마지막이니까요."

10-10 제 자식은 제가 길러야

 아이를 돌보는 것은 쉽지가 않다. 특히 3-4세가 되면 더욱 힘이 든다.
미국의 지진이 자주 발생하는 지역에서는 다음과 같은 일도 있었다.
 그 지방에 몇 차례 지진이 일어나자 어떤 부부가 멀리 떨어져 사
는 친정 부모에게 자기들의 어린 아이를 보냈다.
2,3일 후에 그 부부는 다음과 같은 전보를 받게 되었다.
 "어린 아이를 보내려 한다. 지진을 보내다오."

10-11 대통령 감

 산부인과 병원의 입원실 복도를 오락가락 하는 젊은 남편을 향해
간호사가 말했다.
 "축하합니다. 마님께서는 장차 대통령 감을 낳으셨습니다."
 남자인지 알고, 좋아하는 남편을 향해 덧 붙였다.
 "우리가 장차 여자를 선출하게 된다면 말입니다."

10-12 과속

한 택시기사가 빨간 신호를 받아 섰는데 그 옆에 멋있는 오토바이 한 대가 서는 게 아닌가. 거기엔 한 남자와 그의 아들로 보이는 아이가 타고 있었는데 그 아이는 몹시 겁에 질린 표정으로 벌벌 떨면서 아버지를 꽉 잡고 있었다.

택시기사는 '얼마나 속도를 냈기에 애가 저렇게 쫄았을까?' 하고 생각하고 있는데 갑자기 신호가 바뀌면서 그 오토바이가 씨잉 튀어나가는 게 아닌가.

그런데 너무 급하게 출발한 탓인지 오토바이에 타고 있던 아이가 그만 뒤로 쾅 하고 떨어졌다. 아버지란 자는 그것도 모르고 저만치 가버리는지라 평소 폭주족에게 반감을 가지고 있던 택시기사는 아이를 주워 태우고 냅다 오토바이를 쫓아갔다.
그리고는 오토바이를 세워 아이를 건네주며,

"아니, 얼마나 빠르게 달렸기에 애가 이렇게 쫄아 있어! 당신 미쳤어?"
하고 그를 나무랐다. 그러자 그 남자의 얼굴이 창백해지면서 하는 말
"야! 엄마는?"

10-13 기적

딸아이를 진찰한 의사는 어머니를 보고 "임신했네요."라고 했다.
"말도 안 되는 소리 하시는군요. 애는 어려서 남자를 전혀 알지도 못 한다고요!"라며 어머니는 딸을 보고 "안 그랬나?"라고 했다.
"아니, 난 남자하고 키스조차도 한 일이 없는데요. 뭐"라고 딸은 말하는 것이었다.

의사는 말없이 자리에서 일어나 창가로 갔다.

그리고 밖을 응시했다.

"선생님, 바깥에 무슨 일이 일어났나요?"하고 어머니가 물었다.

"아닙니다. 다만 전에 이런 일이 있었을 때엔 동방에 별이 나타났거든요. 그래서 또 다시 별이 나타나지 않나 살피고 있는 겁니다.

10-14 한 가지 재주

형편없는 점수를 받은 어느 고등학교 반 꼴찌에게 담임선생님께서 너는 상담이 필요하니 부모님을 모시고 오라고 했다. 그 소식을 들은 부모님은 근심된 마음으로 학교를 방문 하였다.

학부모: 안녕하세요? 선생님 제가 봉수의 애비 되는 사람입니다.

선생님: 안녕하십니까? 제가 봉수의 담임입니다. 제가 부모님을 학교로 모신 이유는 다름 아니라. 학생에 대해 부모님과 상의 드릴 것이 있어서입니다.

학부모: 네, 이 녀석이 공부도 못하고 잘 하는 게 하나도 없어서요. 제 아들놈 잘 부탁드립니다.

그랬더니 선생님께서는

선생님: 너무 걱정하지 마십시오. 누구에게나 한 가지 재주는 있듯이 제가 옆에서 보아온 결과 댁의 아드님에게도 장점이 한 가지는 있는것 같습니다.

학부모: 그렇단 말입니까? 그게 도대체 뭐죠?

선생님은 바로 학생의 성적표를 꺼내 보였다. 그리고는 말했다.

선생님: 성적표가 보이시죠. 이 정도의 성적을 받은 걸 보아서는

결코 컨닝 따위는 안했을 것 같은데요.

10-15 정말 못 말리는 엄마

집에서나 학교서나 정말 징그럽게 말을 안 듣는 아이가 있었다.
어느 날 학교에서 전체 학생을 대상으로 야영을 가게 되었다. 야영
장에서도 역시 이 아이는 천방지축으로 돌아다니면서 전체 분위기
를 어수선하게 만들었다.
그러자 선생님은 그 아이의 어머니께 아들에게 체벌을 하겠다고 편
지로 그 사실을 알렸다. 그랬더니 아이를 끔찍하게 생각하는 아이의
어머니께서 간곡하게 다음의 편지를 선생님께 다시 보냈다고 한다.
"제발 제 아들을 때리지 마세요. 우리 아이는 무척 예민하거든요.
대신 옆에 있는 아이를 때리시면 저희 아이가 그걸 보고 충분히 겁
을 먹고 반성할 거예요."

10-16 빨리 옷 벗어

유난히도 추운 겨울이라 누드모델 아가씨가 실오라기 하나 걸치
지 않고 있기에는 너무 추웠다.
화가도 오늘 날씨가 무척 춥다는 것을 알고 있기에 이렇게 말 하
는 것이었다.
"날씨도 춥고 오늘따라 그림 그리고 싶은 생각이 없는데, 우리 차
나 한 잔 마시면서 이야기나 나눌까?"
그래서 모델은 가운을 걸치고 와 화가 옆 소파에 앉아 차를 마시

면서 화가와 이런 저런 이야기를 나누고 있을 때였다.

갑자기 누군가 요란하게 문을 두드리는 거였다.

갑자기 화가가 얼굴이 상기되면서 말했다.

"이것 봐, 빨리 옷 벗어. 우리 마누란, 내가 농땡이 피우는 걸 보면 평생 가만히 안 둘 거야."

10-17 만두 사주고 뺨 맞고

시험이 끝난 맹수를 데리고 만두가게로 갔다

만두 열개를 주문하여 세 개는 맹수에게 주고 일곱 개는 아버지가 먹었다. 일어서면서 아버지가 말했다.

"어때? 배부르니?"

그러자 입이 나팔이 되어 맹수가 말했다.

"세 개 먹은 놈이 배부르면 일곱 개 먹은 아버지는 배 터지겠다."

10-18 본 대로 느낀 대로

어린 남자 아이가 이웃집의 젊고 매력적인 부인이 뜰에서 일광욕을 하고 있는 것을 보고 말했다.

"왜 우리 아빠에게 손을 흔들어 주시지 않는 거예요? 아빠는 저쪽에서 망원경으로 열심히 아줌마를 보고 계시는데요."

11장

학생, 군인과 전문인

◆

웃음소리는 울음소리보다 멀리 간다.
- 히브리 격언 -

하나님의 나라는 먹고 마시는 일이 아니라.
성령을 통해서 누리는 정의와 평화와 기쁨입니다.
- 로마서 14:17 -

11-1 게릴라 전법

그 교수는 엄격 하였다.

땡 소리와 함께 답안지를 제출하여야 하며 그 후에도 답안지를 작성하는 경우에는 빵점을 준다는 것이다.

그런데 한 학생이 땡하고 나서도 답안지를 쓰더니 그것을 제출하려고 성큼성큼 걸어 나갔다.

"그건 낼 것 없네. 학생은 빵점이야" 라고 교수는 말했다.

그는 교수를 바라보더니 "내가 누군지 아십니까?" 하고 물었다.

"몰라, 하지만 자네가 대통령 아들이라고 해도 개의치 않아. 자네는 빵점이야" 라고 교수는 말했다.

"내가 누군지 전혀 모른다는 말인가요?" 라고 그는 언성을 높였다.

"그렇다네." 교수가 말했다.

"좋습니다." 라고 한 그는 쌓여 있는 답안지들 중간쯤에 그것을 쑤셔 넣고 는 급히 사라졌다.

11-2 서당 개 삼년이면 풍월을 읊는다.

아인슈타인은 이 대학 저 대학으로 다니면서 상대성 이론을 강의 했다.

하루는 어느 대학으로 가는 길인데 운전기사가 한마디 하는 것이었다.

" 박사님 저는 선생님 강의를 어찌나 많이 들었던지 죄다 외게 되었어요. 저더러 해보라고 해도 해낼 자신이 있습니다."

"그렇다면 어디 한번 해보지 그래. 지금 가는 대학에서는 내 얼굴을 잘 모른다네. 그러니 거기 가서 내가 자네 모자를 쓰고 운전사가 될 것이니 자네가 내 이름을 대고 강의를 해 보개나"
　운전사는 흠잡을 데 없이 강의를 해냈다.
　그런데 교수 한 분이 까다로운 질문을 해왔다.
　운전사는 얼른 머리를 굴렸다.
　"그 질문의 답은 아주 간단한 것이므로 저의 운전기사더러 나와서 설명 해드리도록 하겠습니다."

11-3 경로 우대

　변호사가 죽어 천당으로 갔다.
숱한 사람들이 베드로와 면접을 위해 길게 줄지어 서 있었다.
그런데 놀랍게도 베드로가 천당 어귀의 그의 자리에서 일어나 길게 늘어선 사람들의 뒤쪽에 있는 변호사를 찾아와 다정하게 인사하는 것이었다.
그리고는 그를 맨 앞으로 데리고 가서 그의 책상 옆 안락의자에 앉으라는 것이었다.
　"이처럼 배려해주셔서 고맙습니다만 저를 특별히 봐주시는 이유가 무엇입니까?" 라고 변호사는 물었다.
　"당신이 고객들에게 상담료를 청구 하면서 밝힌 봉사 시간을 합산해보니 지금 당신의 나이는 203살이더군." 라고 베드로는 대답하는 것이었다.

11-4 법률전문가

　간이식당에 들어온 두 변호사는 맥주 두 잔을 주문했다.

그리고는 각기 가방에서 샌드위치를 꺼내 먹기 시작했다.
　이것을 보고 잔뜩 화가 난 주인은 그리로 성큼 성큼 다가가서
"여기서는 자기가 가지고 온 음식을 먹어서는 안 됩니다."
　두 변호사는 서로 흘깃 바라보더니 어깨를 으슥하고 나서 샌드위
치를 서로 교환 하는 것이었다.

11-5 하등 동물

　그 교수는 재치 있는 웅변으로 종종 난처한 고비를 넘겼다.
어느 날 강의 하고 있는데 누군가가 느닷없이 꼬꼬오하며 수탉 우는
소리를 내 강의를 방해 했다.
　완전무결한 그 수탉 소리에 많은 학생들이 웃음을 터뜨렸다.
그러나 교수는 당황하지 않고 그 상황에 잘 대응했다. 사뭇 놀란 듯
이 시계를 보며,
　"벌써 아침인가! 내 시계는 세시 반 밖에 안 됐는데... 하지만 틀림
없겠지 하등동물은 빗나가지 않는 법이니까"
　이 소리에 폭소가 터졌다.
　그 하등동물은 기가 죽어버렸고 교수는 아무 일도 없었다는 듯 강
의를 계속했다.

11-6 관료의 속성

　침실 창문으로 내다보니 사람들이 차고에서 물건을 훔치고 있었다.
경찰에 신고를 했으나 사람이 없다는 핑계로 아무도 올 수 없다고 했
다. 전화를 끊고 30까지 헤아린 뒤 다시 경찰에 전화를 했다.

"몇 초 전에 전화를 해서 차고에 도둑이 들었다고 신고 했던 사람입니
다."
그런데 내가 모조리 쏴 죽었으니 걱정 할 것 없어요."
　5분이 채 안 되어 근방에 있던 경찰차 여섯 대가 몰려왔다.

11-7 문이 열렸어요.

　여고에 부임한 총각 선생님은 옷차림과 몸에 신경을 많이 쓰고 첫
수업에 임 하였다.
　그런데 교실에 들어서자마자 학생들이 깔깔대고 웃는 것이 아닌가.
　"학생들 왜 웃어요?"
　"문이 열렸어요."
　"그러면 맨 앞에 있는 학생 나와서 좀 닫아 줄래요"

11-8 우리 집

　가정부가 새로 부임한 사재에게 말 했다
　"당신 집 지붕은 새고, 당신 세탁기는 고장 났고…"
　"이곳에 오랫동안 있지 않았습니까? 당신 집이라고 말하지 말고
우리 집이라고 하는 것이 좋겠어요."
　회의를 하고 있는데 가정부가 들어오면서 말했다.
　"신부님, 신부님! 우리 방에 쥐가 들어 와서 우리 침대 밑으로 들
어 갔어요."

11-9 하나님은 A학점

크리스마스 직전에 시험을 치렀다.
한 학생은 "이 문제는 하나님만이 그 답을 안다." 라고 썼다.
휴가 후에 돌려 닫은 시험지에는 다음과 같이 적혀 있었다.
"하나님은 A학점, 자네는 F 학점"

11-10 직업 병

한 외과 의사가 정육점에 고기를 사러 갔다. 의사는 이 부위를 잘
라라 저 부위는 맛이 없다는 등 정육점 주인을 짜증나게 했다.
화가 난 정육점 주인이 고기를 내 던지며 이렇게 말했다.
"여보슈, 그럼 당신이 맘에 드는 부위를 직접 잘라 가면 될 것 아니요?"
그러자 외과의사가 회심의 미소를 지으며 고깃덩이 앞에 섰다. 고기
를 한참 주시하던 외과의사, 정육점 주인에게 손을 내밀며 하는 말
"메스"

11-11 건망증 환자

건망증이 심한 환자가 정신과 병원을 찾아와서 한탄을 했다.
"아침을 먹은 것도 때로는 생각이 나지 않으니 어떻게 하면 좋지요?"
의사 : "미리 진찰료부터 지불 하는 것이 좋겠습니다."

11-12 장교와 케디

　어떤 성미 급한 장교가 골프를 치다가 공 하나가 없어진 것을 알고 케디를 보고 훔쳤다고 화를 내었다. 그러나 곧 공을 찾게 되어 케디에게 미안 하다고 말하니 케디가 말을 막으며 말했다.
　"괜찮습니다. 장교님은 나를 도둑으로 알았고, 나는 선생님을 신사로 알았으니 우리 둘 다 사람을 잘 못 보았네요."

11-13 하나만 알고 둘은 모르나?

　남자는 단골 의사에게 전화를 걸어서 말했다.
　"선생님, 지금 이리로 와 주세요. 아내가 맹장입니다."
　"있을 수 없는 일이요. 내가 6년 전에 사모님의 맹장을 떼 냈는데요. 사람이 두 번 맹장염을 앓는다는 이야기를 들어 본 적이 없어요."
의사가 대답 했다.
　"남자가 두 번째 아내를 얻는다는 말은 들어본 적이 없으십니까?"
그 남자는 말했다.

11-14 경제학자

　소련의 메이데이 퍼레이드에 관한 한 토막
붉은 광장에서 탱크와 군인들과 항공기와 미사일이 사열대 앞을 지나가자 뒤 이어 검은 옷을 입은 사나이 열 명이 나타났다.
　"저자들은 스파이인가?" 하고 공산당 지도자가 물었다.
　"아닙니다. 저자들은 경제학자입니다." 라고 KGB 책임자가 대답했다.

"우리가 저자들을 미국시장에 풀어 놓는다면 얼마나 엄청난 혼란 상태가 조성되겠는지 생각해 보세요."

11-15 윈도우

최근의 한 컴퓨터 전시장에서, 빌게이츠는 컴퓨터산업과 자동차 산업을 견주면서 "만약GM(제너널 모터스) 사가 현재 컴퓨터 산업과 같은 수준을 갖추게 된다면, 그때에 우리는 아마도 5리터만으로 1,500Km를 갈 수 있는 3만 원짜리 차를 몰고 다닐 수 있게 될 것이다. 자동차 산업을 얕본 것이다.

이 발언에 대해 GM사는 발끈해서 "여러분은 하루 두 번 이상 멈춰버리는 차를 타고 싶습니까?"라는 공식 성명을 발표하면서, 윈도우를 만드는 기술로 자동차를 만든다면 다음과 같은 일이 벌어진다고 주장했다.

1. 당신은 도로에 선이 그어질 때마다 자동차도 새로 사거나, 업그래이드 해야 한다.
2. 당신의 차는 고속도로 한 복판에서 이유 없이 시동이 꺼질 것이고, 이때 당신은 사태를 그냥 받아들인 후, 재 시동한 다음 다시 몰고 가야 할 것이다.
3. 차를 몰고 가다가 갑자기 멈춰버릴 수도 있는데, 이럴 때 당신은 엔진을 재 설치해야 하고, 마찬가지로 그러한 사태를 그냥 받아 들이기 만 해야 한다.
4. 오일 경고 등, 연료 경고 등, 발전기 경고 등은 '치명적 오류'라는 기분 나쁜 경고 하나로 대체될 것이다.

5. 사고가 났을 때 에어백 시스템은 튀어 나오기 전에 당신에게
   이렇게 물어 볼 것이다.
   "튀어 나올까요?"

11-16 나도 떨려요

환자 : "저는 몹시 신경이 쓰여요. 수술이라고는 이번이 처음입니다."
의사 : "댁의 기분은 잘 알겠습니다.
        나도 또한 이번이 처음 해 보는 수술이랍니다."

11-17 신체검사

기철이는 자랑스러운 대한민국 국군이 되기 위해 신체검사장에
갔다.
발가벗은 신병들에게 군의관이 지시를 내렸다.
"지금부터 소변을 검사한다. 저쪽 구석에 병이 있으니까 각자 소
변을 누도록. 알겠나?"
말이 떨어지기가 무섭게 기철은 눈을 부릅뜨고 10미터쯤 앞에 병
을 놓고 쏘아보면서 질문했다.
"군의관님! 거리는 몇 미터입니까?"

1-18 군대간 사연

영수가 군대에 가기 싫어서 이빨을 모두 뽑아 버리고 신체검사를

받으러 갔다. 줄을 서 있는데, 영수 앞으로 이상한 냄새가 나는 사람이 끼어들었다.

차례가 되자 그 사람은 항문에 이상이 있다고 대답했다. 군의관은 손가락을 그의 항문 안으로 집어넣어 확인을 하였다.

"치질이군. 너무 지저분하잖아. 면제!"

다음에 군의관은 영수에게 물었다.

"어디 아픈 곳은 없나?"

영수는 군위관의 손가락을 쳐다보고 말했다.

"옛! 전혀 없습니다."

11-19 논리학

철학 시간의 주제는 하나님. 교수의 논리는 다음과 같이 전개 되었다.

"하나님의 소리를 들은 사람 있어요?" 묵묵부답.

"하나님을 만져본 사람 있어요?" 묵묵부답

"하나님을 본 사람 있어요?" 묵묵부답

"그렇다면 신은 없는 겁니다."라고 교수는 말했다.

학생 하나가 반론하겠다고 나섰다.

"교수님의 뇌의 소리를 들은 사람 있어요?" 묵묵부답

"그의 두뇌를 만져본 사람 있어요?" 묵묵부답

"그의 두뇌를 본 사람 있어요?" 묵묵부답.

"그럼 교수님 논리대로라면 교수님에게는 필시 두뇌가 없는 겁니다."라고 그 학생은 말했다.

11-20 정치인 수술

동기 동창인 4명의 외과 의사가 칵테일을 마시며 대화를 하고 있었다.

첫 번째 의사가 수술하기 쉬운 환자에 대해 말을 시작했다.

"나는 수술하기에 도서관 직원들이 가장 쉬운 것 같아. 그 사람들 뱃속을 보면 장기들이 가나다순으로 정열 되어 있더라고."

그러자 두 번째 의사가 말했다.

"난 회계사가 제일 쉽던데. 그 사람들 내장에는 전부 다 일련번호가 매겨져 있거든."

이번에는 세 번째 의사도 칵테일을 한잔 마시더니 이렇게 말했다.

"난 전기기술자가 제일 쉽더라. 그 사람들 혈액은 색깔별로 구분되어 있잖아."

세 의사의 얘기를 듣고 있던 네 번째 의사가 잠시 생각에 잠기더니 이렇게 말을 받았다."

"난 정치인들이 제일 쉽더라구. 그 사람들은 골도 비어 있고, 뼈대도 없고, 쓸개도 없으며, 소갈머리 배알머리도 없고, 심지어 안면도 없잖아."

11-21 신부님 넘어졌습니다.

사람들이 성당의 신부님에게 와서 고백하는 내용이 언제나 똑같았다.

"신부님, 오늘 누구와 간통을 했습니다."

"신부님, 오늘 누구와 불륜을 저질렀습니다."

신부님은 매일같이 그런 고해성사를 듣는 것이 지겨워졌습니다.

그래서 이렇게 제안했다.

"이제는 고해성사를 할 때 '신부님, 오늘 누구와 불륜을 저질렀습니다.' 라고 말하지 말고 '신부님 오늘 누구와 넘어졌습니다.' 라고 바꾸어 말하도록 하십시오."

세월이 흘러 그 신부님은 다른 성당으로 가고 새로운 신부님이 왔다.

그런데 새로 온 신부님이 고해성사를 들어보니 다들 넘어졌다는 소리 뿐이었다. 신부님은 시장을 찾아가 건의했다.

"시장님, 시 전체의 도로공사를 다시 해야 할 것 같습니다. 도로에서 넘어지는 사람들이 너무 많습니다."

시장은 그 말이 무슨 뜻인지 알기에 껄껄 웃었다. 그러자 신부님이 말했다.

"시장님, 웃을 일이 아닙니다. 시장님 부인도 지난주에 세 번이나 넘어졌답니다."

11-22 거짓말 행진

한 부대에서 10명의 소위들이 외출을 나갔다.

소위들은 복귀 시간에 아무도 나타나지 않았고 1시간이 지나서야 한명이 나타났다.

부대장이 화가 나서 말하려고 하자 소위가 변명했다.

"죄송합니다. 오늘 데이트가 있었는데, 버스 시간을 놓쳤습니다. 택시를 잡아탔는데 고장이 났고, 농장에서 말을 한 마리 빌려 탔는데 달리다가 길에 쓰러져서 죽었습니다. 그래서 10Km를 뛰어오느라 늦었습니다.!"

부대장은 믿어 지지 않았지만 그냥 들여보내 주었습니다.

잠시 후 두 번째 소위가 나타나서 말했다.

"죄송합니다. 오늘 데이트가 있었는데, 버스 시간을 놓쳤습니다. 택시를 잡았는데 고장이 났고, 농장에서 말을 한 마리 빌려 탔는데 달리다가 쓰러져서 죽었습니다. 그래서 10Km를 뛰어오느라 늦었습니다.

부대장은 더욱 믿어지지 않았지만, 첫 번째 소위를 봐주었기 때문에 어쩔 수 없이 들여보냈다. 하지만 모든 소위들은 계속 똑같은 말을 반복했고 마지막 한 명의 소위가 들어 왔다.

"죄송합니다. 오늘 데이트가 있었는데, 버스 시간을 놓쳤습니다. 택시를 잡아탔는데..."

그러자 부대장이 말을 끊으며 말했다.

"내가 맞춰볼까? 택시가 고장이 났지?"

그러자 소위가 대답했다.

"아닙니다! 길 위에 죽은 말들이 너무 많아서 피해 다니느라 늦었습니다."

12장

동물

행복의 원칙은

- ♥ 첫째 – 어떤 일을 할 것.
- ♥ 둘째 – 어떤 사람을 사랑 할 것.
- ♥ 셋째 – 어떤 일에 희망을 가질 것이다.

당신의 계명은 나의 기쁨, 그것을 나는 사랑 하옵니다.
- 시편 119 :47 -

12-1 바큐벌레

　바큐벌레 부부가 산책 중 등나무에서 암놈이 화장을 고치다가 떨어져죽었다. 그런데 조금 있다가 숫놈도 떨어졌다　왜 일까요?
　좋아서 손뼉을 치다가 떨어졌다.

12-2 악어와 상어

　플로리다 앞 바다에서 낚시를 즐기던 관광객의 보트가 뒤집혔다.
　그는 수영은 할 수 있었지만 악어가 겁나서 전복된 보트에 매달려 있었다.
해변에서 표류 물을 수집하고 있는 노인을 발견하자 그는 "이 근방에 악어는 없어요? "하고 큰 소리로 물었다. "없어진지가 오래요"라는 대답이었다.
　안전하구나 생각한 관광객은 느긋하게 해변을 향해 헤엄치기 시작했다.
　해변으로 반쯤 접근했을 때 그는 " 어떻게 악어들을 없앴어요? "하고 물었다.
　"우리가 어떻게 한 게 아니라 상어들이 먹어버렸다오"라고 노인은 대답했다.

12-3 성금

　개를 벗 삼아 혼자 살던 사람의 개가 죽었다.
　그는 목사님을 찾아 가서

"저의 개가 죽었습니다. 이 가엾은 것을 위해 예배를 드려 줄 수 없을까요?"라고 했다.

"교회에서 짐승을 위한 행사는 할 수 없습니다."
하지만 저쪽으로 내려가면 새 교파가 들어와 있습니다.

"그 사람들 같으면 그 짐승을 위해 뭔가를 해줄 수도 있지 않을까 싶네요."

"그리로 가봐야 겠군요.
헌금은 100만원이면 충분할까요?"하고 그 사람은 물었다.

"아니, 어째서 그 개가 예수를 믿었다는 말을 하지 않았지요?"라고 목사는 언성을 높였다.

12-4 젖소가 미친 이유

갑자기 젖소가 광우병에 걸렸다.
수의사가 와서 여러 가지 질문을 하였다.
"하루 젖은 몇 번 짜느냐?" "2번 아침저녁으로 짭니다."
"수소에게 얼마나 자주 가느냐?" "일 년에 한번 정도 발정 때 갑니다."
수의사 왈 "소가 어찌 미치지 않겠습니까?"
"젖은 아침저녁으로 애무해 주면서 수소에게는 일 년에 한번 보내니 미치는 것이 당연하지요."

12-5 수탉이 안 우는 이유

봉이 김 선달이 수탉을 팔았다.
"새벽에 닭이 잘 웁니까?"

"그럼요, 얼마나 튼튼합니까? 잘 웁니다."

그런데 새벽이 되어도 이 닭이 울지 않자 산 사람이 찾아 와 항의하였다.

"모이는 잘 주었습니까?"

"주다, 마다요"

"암탉은 있습니까?"

"다섯 마리나 있습니다."

"그러면 그렇지요. 모이 풍성하겠다. 암탉 있겠다. 무엇이 아쉬워 울겠습니까?"

12-6 남자와 강아지의 공통점

1. 털이 많다
2. 먹이를 챙겨 주어야 한다.
3. 복잡한 말은 잘 알아듣지 못한다.
4. 시간을 내 놀아 주어야 한다.
5. 버릇을 잘 들여 놓지 않으면 평생 고생한다.

12-7 남자가 강아지보다 편리한 점

1. 돈을 벌어온다.
2. 데리고 다닐 때 여자목욕탕을 제외하고는 출입 제한이 없다.
3. 간단한 심부름은 시킬 수 있다.
4. 혼자 두고 여행을 다닐 수 있다.
5. 아이가 학교에 들어가면 학적부에 올릴 수 있다.

가장 중요한 것은 거져 주신다.

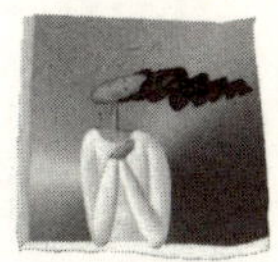

* 나포레옹 장군이 네 잎 크로바를 발견하고 엎드리는 순간
총탄이 지나가 네 잎 크로바는 행운이라는 꽃말을 가지게 되었다.
세 잎 크로바는 행복이 꽃말이다. 그런데 사람들은 주위의 행복은
관심도 없이 행운을 찾아 행복을 짓밟으며 정신없이 살아간다.
날마다 작은 행복에 만족하며, 감사하며 살아갈 때 행운은
어느 사이에 찾아온다.

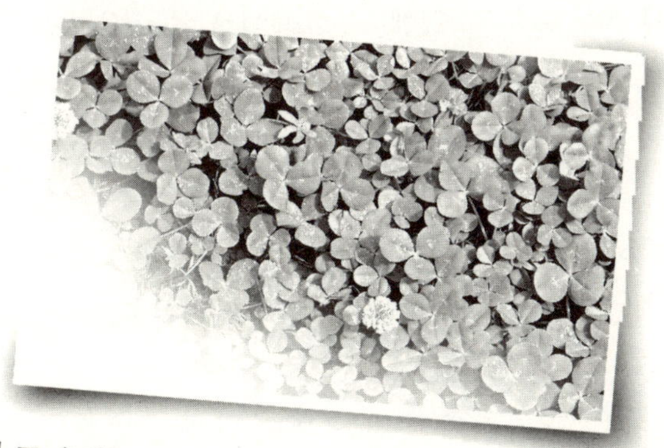

너희가 그 은혜를 인하여 믿음으로 말미암아 구원을 얻었나니
이것이 너희에게서 난 것이 아니요 하나님의 선물이라.
- 엡 2:8 -

12-8 그럼에도 남자보다 강아지가 편리한 점

1. 부담 없이 때릴 수 있다.
2. 두 마리를 한꺼번에 키워도 뒤탈이 없다.
3. 강아지는 부모가 어떻게 키우라고 간섭하는 일이 없다.
4. 돈이 적게 든다.
5. 외박하고 들어와도 꼬리치며 반겨준다.

12-9 토끼의 죽음

　어느 날 철수네 개가 옆집 딸들이 그렇게 아끼던 하얀 애완용 토끼를 물고 있는 게 아닌가? 흙이 잔뜩 묻고 죽은 채 말이다.
등에 식은땀이 나는 것을 느낀 철수는 완전 범죄를 계획했다.
죽은 토끼를 들고 집 안으로 들어와 욕탕에서 털이 새하얗게 될 때까지 씻어서 흙이 묻은 걸 없앤 뒤, 드라이로 털을 뽀송뽀송하게 말렸다.
역시 흙이 묻은 노란 리본도 깨끗이 빨아 건조시킨 뒤, 토끼의 목에 그대로 묶어다. 이 정도면 자연사로 볼만 했다.
　철수는 아무도 없는 틈을 타 토끼우리에 죽은 토끼를 반듯하게 넣어두고 아무 일도 없다는 듯이 집으로 돌아 왔다.
　시간이 조금 지나자 옆집에서 비명소리가 들리고, 곧 웅성거리는 소리를 들을 수 있었다.
　철수는 천연덕스럽게 옆집 담으로 고개를 삐죽 내밀고 무슨 일이냐고 물었다.
　그 집 딸들과 아저씨는 얼굴이 새파랗게 질려 "토끼가 ... 토... 토끼가..." 라는 소리만 했다.

철수는 양심이 찔렸지만 시치미 뚝 떼고 "토끼가 뭐요?"라는 소리
만 했다. 그러자 아저씨 왈

"어느 미친놈이 어제 죽어서 뜰에다 파묻어 놓은 토끼를 파 해쳐
서 토끼집에 도로 넣어놨어요. 그것도 깨끗이 씻겨주고! 세상에 어
느 미친놈이! "

12-10 개 다루기

애완견 다루기를 좋아 하는 임금님이 있었다.
임금님의 개는 고개를 '끄덕끄덕' 거리기만 하고 돌이 질을 못 했다.
임금님은 개가 도리질을 하도록 하는 사람에게 상금을 주겠다고 방
을 붙였다.

한 남자가 나타나서 가방에서 벽돌을 꺼내서 얼굴을 때렸다.

개는 비명을 질렀다. 남자가 말했다.

"또 해줄까? "

개가 도리질을 했다.

남자는 상금을 타서 돌아갔다.

충격을 받은 개는 계속 도리질만 했다.

임금님은 이번에는 개를 '끄덕끄덕' 거리게 만드는 자에게 상금
을 주겠다고 방을 붙였다.

그러자 상금을 타간 남자가 또 나타났다.

그리고 개에게 말했다.

"너 나 알지? "

개는 '끄덕끄덕'

그 남자는 또 상금을 타서 돌아갔다.

12-11 추락하는 염소

절벽에 서 있던 남자는 절벽이 얼마나 높은지 알아보기 위해 절벽 밑으로 돌을 하나 떨어뜨렸다.

아무 소리도 나지 않았다.

그래서 이번에는 큰 돌을 하나 떨어뜨렸다.

역시 아무 소리도 나지 않았다.

남자는 확실히 하기 위해 옆에 있던 쇠기둥을 뽑아 떨어뜨렸다.

그래도 역시 소리는 나지 않았다.

그런데 조금 후 갑자기 염소 한 마리가 나타나더니, 미친 듯이 절벽으로 뛰어가서는, 휙 뛰어내리는 것이었다.

이상하게 생각한 남자는 한참 절벽 밑을 바라보았다.

잠시 후, 뒤에서 농부가 나타났다.

농부: "이봐요. 여기서 내 염소 못 봤어요?"

남자: "물론 봤죠. 그런데 미친 염소인가 봐요? 절벽 밑으로 뛰어내리던걸요." 그러자 농부가 말했다.

농부: "하하, 그럼 제 염소가 아니에요. 제 염소는 큰 쇠기둥에 묶어 놨거든요."

12-12 불공 대천지원수

트럭이 볼링공을 가득 싣고 고속도로를 주행하던 중 도로의 움푹 페인 곳에 빠졌다. 트럭의 뒷문이 열리고 수백 개의 공이 쏟아져 나와서 노상에 굴렀다. 다섯 명의 폴란드인이 타고 오던 뒤차가 급정거를 하더니 막대기와 곤봉을 들고 승객들이 뛰어나왔다. 그들은 미친 듯이 볼링공을 차고 때렸다. 트럭 운전사는 이 광경에 충격을 받고 그 폴란드인 중의 한 사람에게 왜 그러느냐고 물었다..

"우린 이놈의 검둥이 알들이 부화하기 전에 때려잡고 있는 참이오."

12-13 토끼와 거북이와 달팽이

거북이와의 경주에서 진 토끼가 씩씩대며 집으로 돌아가 분을 삭이고있는데 '똑똑' 하는 소리가 들렸다.

대문을 열고 보니 달팽이가 자신을 쳐다보며 서 있는 게 아닌가!

"너, 거북이한테 졌다며? 푸하하! 얼레리 – 꼴레리 – 토끼는 거북이 보다 달리기도 못 한데요."

달팽이의 말에 화가 난 토끼는 달팽이를 뻥 차버렸다.

그리고 3개월 뒤 그동안 열심히 운동을 한 토끼는 다시 거북이에게 도전장을 보냈고, 며칠후에 경주를 했는데 또 지고 말았다.

또 집에서 씩씩대고 있는데 이번에도 문에서 '똑똑!' 하는 소리가 들렸다.

문을 열어보니 3개월 전 그 달팽이가 와 있었다.

놀란 토끼 왈

"너 또 놀리려고 왔나?"라고 물었더니

차여 떨어진 곳에서 그 곳까지 겨우 기어 온 달팽이 왈

"너 지금 날 발로 찼나?"

12-14 개구리 나라

개구리 나라에선 가슴에 털 난 개구리만이 경찰 개구리였다.

그러던 어느 날, 개구리 나라에서 토막살인 사건이 발생하였다.

그래서 가슴에 털 난 경찰 개구리들이 수사를 하고 있는데, 갑자기 가슴에 털도 없는 개구리가 자꾸 알짱대는 것이었다.

그것을 본 가슴에 털 난 경찰개구리.

"야! 넌 가슴에 털도 없는데 왜 여기서 알짱대지?"

그러자 알짱대던 개구리가 갑자기 바지를 벗으며 하는 말,

"난 비밀경찰이다."

12-15 정치인과 개의 공통점

1. 주인도 못 알아보고 덤빌 때가 있다.

2. 한 번 미치면 약도 없다.

3. 앞뒤 안 가리고 마구 덤빈다.

4. 짖으면 사람들이 개소리로 치부한다.

5. 절대 자기가 먹을 것을 남한테 빼앗기지 않는다.

6. 힘이 모자라면 꼬랑지 내리고 살며시 사라진다.

7. 매도 그때뿐이지 곧 옛날 버릇 못 버린다.

2-16 특수 견 불독

동물원의 곰이 우리를 탈출해 어느 사나이 집 마당에 있는 큰 나무 위에 올라가서 내려오지 않고 있었다. 그 사나이는 동물원에 전화를 했고 동물 포획반이 출동했다. 그런데 곰을 잡으러 온 포획 반

은 고작 땅딸막한 불독 한 마리와 생포 전문가 남자 한명이었다. 그 전문가가 사나이에게 말했다.

"우리는 동물 생포 특별반입니다. 내가 나무 위로 올라가서 곰을 땅바닥으로 떨어뜨리겠습니다. 아저씨는 이 총을 들고 멀리 서 계십시오.

내가 곰을 땅바닥으로 떨어뜨리면 우리 특수견이 그 다음 일을 알아서 처리할 것입니다.

사나이는 궁금해서 물었다.

"저 짜리몽똥한 개가 어떻게 하는데요?"

"저 개는 나무에서 떨어지는 놈의 불알을 꽉 물어서 차 우리 속으로 끌고 들어가도록 특수 훈련을 받은 개입니다.. 불알을 한 번 물면 절대 놓지 않죠."

사나이는 또 물었다.

"그럼 나는 총을 들고 뭐하는데요?"

그러자 전문가가 하는 말.

"아 예, 혹시 내가 나무에서 떨어지면 저 놈의 개를 쏴야 됩니다."

2-17 토끼의 집념

토끼가 약국에 찾아가 물었다.

"당근 있어요?"

약사가 없다고 하자 그냥 돌아간 토끼는 다음 날 또 가서 물었다.

"당근 있어요?"

"없대두..."

다음 날, 토끼가 그 약국을 찾아가 물었다.

"당근 있어요?"
"없어, 한번만 더 귀찮게 물어보면 가위로 귀를 잘라버린다.."
다음 날 또 토끼가 그 약국을 찾아갔다.
"아저씨, 가위 있어요?"
"아니"
그러자 또 물었다.
"그럼, 당근 있어요?"

2-18 눈이 있으면 보라고

어느 날 한가로이 토끼가 길을 가고 있었다.
갑자기 난데없이 나타난 호랑이
"야, 잘 걸렸다. 너 이리 좀 와봐."
"어, 넌 누구야?"
토끼는 호랑이라는 동물을 처음 봤기 때문에 놀라서 가만히 서 있기만 했다.
"동물의 왕 호랑이님을 모르는 거냐?"
호랑이가 코웃음을 치며 말했다.
여태까지 동물 사이의 왕은 사자라고 알고 있던 토끼는, 이상한 놈이 자신을 위협하니 당황스러웠다.
그래서 토끼가 말했다.
"아! 내 친구 중에 싸움 잘하는 애가 있는데, 한 판 붙어볼래?"
그러자 호랑이가 잔뜩 흥분하면서 말했다.
뭐? 누군데? 빨리 데리고 와."
이리하여 호랑이와 토끼는 사자를 찾아가게 되었다.

토끼는 사자 굴 입구에 호랑이를 기다리라고 말한 후, 사자에게
다가가 말했다.

"사자야! 너보다 어떤 애가 싸움 잘한다고, 너 한 테 덤벼보래."

그 말을 들은 사자는 흥분하며 말했다.

"어떤 놈인지 몰라도 죽었다. 그 놈 어디 있어?"

사자는 흥분을 참지 못하고 사자 굴을 나서다 호랑이와 마주쳤다.

그리고는 곧바로 꽁지가 빠져라 달아나기 시작했다.

토끼가 깜짝 놀라서 사자한테 쫓아가서 물었다.

"야... 왜 싸워 보지도 않고 도망가?"

그러자 사자 왈

"헉헉!! 야, 너도 그 놈 몸에 문신 봤냐?"

13장

기타

◆

사람이 여러 해를 살면 항상 즐거워 할 찌로다.
- 전도서 11:8 -

13-1 분만은 동내이름 따라

산부인과에서 간호원이 말 했다
"한남동에서 오신 분 득남 했습니다."
"쌍문동에서 오신 분 쌍둥이입니다."
"삼성동에서 오신 분 세 쌍둥이입니다." 그러자 한 부인이 큰 일 났
네, 나는 오장동에서 왔는데
한 남자가 나는 천호동에서 왔수다.
옆 사람 나는 만리동에서 왔수다.

13-2 기자 잡아먹는 외계인

한 밤중에 긴급 전화가 걸려와 잠든 대통령을 깨웠다.
"각하, 좋고 나쁜 두 가지 소식을 전해드리겠습니다." 라고 4성
장군이 간신히 흥분을 억제하면서 말했다.
"이런 어디 나쁜 소식부터 말 해봐요" 라고 대통령은 투덜투덜했다.
"나쁜 소식은요. 외계로부터 괴물들이 쳐들어왔습니다."
"맙소사 그럼 좋은 소식이란 무엇인가?"
"각하, 이놈들은 기자라면 보는 족족 잡아먹으며 배설 하는 것은
석유입니다."

13-3 딸 낳아 팔아요.

6,25 후 서울이 무섭다는 말을 듣고 시골 할아버지가 서울에 왔다.

남대문 지하도를 지나는데 아주머니들이 닥아 오면서 "딸 낳아
(딸라)파세요." 하는 말을 듣고 기겁을 하였다.

13-4 눈 달린 놈

6,25 때 피난처에서 있었던 일이다.
밤중에 깜깜한 방에서 화장실로 가던 사람이 옆 사람 머리를 밟
게 되었다.
"어떤 놈이 내 머리를 밟았어?"
"눈 달린 네 얼굴이 피 해야지 이 깜깜한데 눈 없는 발이 무슨 수
로 피하니?" 했다.

13-5 강도와 국회의원

밤늦은 시간 미국 수도 워싱톤에서 스키 마스크로 얼굴을 가린
노상 강도가 의젓한 옷차림의 행인 앞에 불쑥 나타나더니 옆구리
에 총을 들이 댔다.
"돈을 내 놓으라"하고 그는 요구했다.
"이게 무슨 짓이야. 내가 누군지를 모르나? 국회의원이란 말이
야!"라며 그 사람은 화를 냈다.
"그렇다면 내 돈 내놓아"라고 강도는 응수했다.

13-6 누더기 지폐들의 대화

오래된 누더기 지폐들이 자루에 담겨 미국 재무부로 돌아 왔다. 같은 자루에 들어 있는 1 달러짜리와 20 달러짜리가 이야기를 나누기 시작했다.

"참, 난 있잖아, 기차게 멋진 곳에 수없이 다녀왔어--멋진 상점들이랑, 고급 식당들이랑, 회원들만 출입하는 고급 컨추리크럽이랑, 아주 색 다른 곳이랑 말야. 너는 어떤데 다녀왔어?"하고 20 달러짜리가 물었다.

"나는 이 교회에서 저 교회로만 돌아다니다가 왔어"라고 1 달러짜리가 대답했다.

13-7 낙서

어느 공중변소에 있던 낙서

앞 벽에 "오른쪽을 보시오"라고 써 있어서 오른쪽을 보았다.

"한 눈을 지그시 감고 왼쪽을 보시오"해서 또 그대로 했다 그러자 거기에는 "수고 하셨습니다. 뒤를 보시오"라고 써 있었다. 뒤를 돌아보니 "야, 임마 뭣 때문에 그렇게 두리번거리고 있는 거야?"

13-8 복수

바닷 가를 걷고 있던 사람이 병 하나를 발견 하였다.

마개를 열자 신령 나오면서

"나를 나오게 한 대가로 소원 세 가지를 들어 주겠다. 그런데 소원을 들어 줄 때마다 그대가 지정하는 사람에게는 곱절로 베풀어 줄 것이다."

그 사람은 열심히 생각하고 나서 원수를 지정하고 말했다.

"나는 페라리 경주 차가 갖고 싶습니다."
페라리 한 대가 그 사람 앞에 나타났다.
"다음 소원은?"
"1백만 달러가 있으면 좋겠습니다."
1백만 달러가 그의 발 앞에 쌓였다.
"마지막 소원은 뭔가?"
"신장 하나를 기증 하고 싶습니다."

13-9 쓸 수는 있어도 읽을 수는 없다.

교도소에 들어 온 죄수에게 간수가 물었다.
"글을 읽고 쓸 수 있습니까?"
"쓸 수는 있어도 읽을 수는 없습니다."
"그럼, 이 종이에 이름과 주소를 써 봐요.".
그는 큰 글씨로 썼다. 간수가 도무지 알 수가 없어
"무엇이라고 쓴 것입니까?" 물으니
"모릅니다. 읽을 수는 없다고 말했잖아요."

13-10 불조심 포스터

고등학교에서 화재예방 포스터를 그리라고 하였다. 그림을 지도
하려고 둘러보던 중 한 학생의 그림을 보고 놀라지 않을 수 없었다.
소가 담배를 물고 있고, 개가 라이터로 불을 붙여 주는 내용이었는
데 표어는 이랬다.
"개나 소나 불조심"

* 따져서 이길 수는 없다. 사랑으로 이긴다.

* 상대편은 내가 아니므로 나처럼 되라고 말 하지 말라.

* 말은 하기 쉽게 하지 말고, 알아듣기 쉽게 해라.

* 말은 가슴으로 대고 해라.

남을 해칠 생각을 하면 제 꾀에 넘어가지만
함께 잘 살기를 꾀하면 즐거움이 돌아 온다
- 잠언 12:20 -

13-11 경찰이 더 무서워

어떤 사람이 빨간 신호등을 무시하고 달리다가 경찰에 걸렸다.
경찰관 : "빨간 신호를 보지 못 했습니까?"
운전자 : "보았습니다."
경찰관 : "그러면 왜 서지 않았습니까?"
운전자 : "왜냐 하면 당신은 보지 못 했습니다."

13-12 TV 메니아

뺑소니차에 치여서 어떤 남자가 응급실에 들어 왔다.
매우 안 좋아서 인공호흡기를 씌어야만 하는 상태까지 갔다.
그런데 기절해 있던 환자가 깨어나더니 갑자기 뭐라고 말을 하는 것
이었다.
인공호흡기를 끼고 있으니 말이 들릴 리 없고, 뺑소니차에 대한 중
요한 정보일지 모른다는 생각이 든 환자의 가족들은 환자에게 팬과
종이를 쥐어주며 쓰라도 했다.
환자가 써낸 종이에는 이런 것이 적혀 있었다.
"열아홉 순정 녹화 해!"

3-13 도너츠

진수는 어느 도너츠 체인점에서 일한 적이 있었다.
토요일 저녁이면 내가 속해 있는 한 모임에 자주 커다란 빵 봉지를
들고 가끔 나타나곤 해서, 회원들은 그를 기다리곤 했었다. 뿐만 아

니라 진수가 가져오는 도너츠는 배부르게 먹기에는 값이 몹시 비싼 것이어서 진수는 우리들 사이에 절정의 인기를 누리곤 했다.

그런데 어느 날 어느 때와 마찬가지로 정신없이 비싼 도너츠를 먹고 있던 회원이 진수에게 넌지시 물었다.

"같이 드시지요."

아무래도 매일 그 음식을 맛보거나 쳐다보니까 당연히 안 먹을 것이라 모두들 생각하고 그 동안 한 번도 그 권유를 하지 않은 것이었다.

모두들 그 생각이 났는지 먹던 손과 입을 잠시 멈추고 물끄러미 진수를 바라보고 있었다. 그 친구는 담담히 말했다.

"그냥 많이 드세요."

그러려니 하고 다시 먹기 시작하는데 진수가 혼자말로 중얼거리는 소리가 들렸다.

"밀가루 반죽하고 나면 손이 깨끗해 지더라 구."

13-14 공짜 술

항공기 승무원의 걱정스런 소리가 들려왔다.

"어떻게 이런 일이 일어났는지 알 수 없습니다만 150명의 승객이 탑승 했는데 식사는 50명분 밖에 준비되지 않았습니다."

승객들의 투덜거리는 소리가 잠잠해지자 승무원은 이야기를 계속 했다.

"다른 분들을 위해 식사를 양보하는 아량을 베푸실 분에게는 비행 중 내내 술을 공급하겠습니다."

한 시간 후 다시 방송이 있었다.

"생각을 바꿀 생각이 있으신 분들에게 알려드리는데 아직 36인분의 식사가 있습니다.”

3-15 최고 일자리

　직업소개소를 찾은 어느 사람이 일자리가 없느냐고 물었다.
“아주 좋은 일자리가 있습니다. 스트립쇼 클럽에서 여자들이 옷을 벗고, 입는 것을 도와주며 그들에게 기름을 발라주기도 하는 그런 일입니다.”
인터뷰 한 사람이 말했다.
“ 괜찮은 것 같네요.”라고 그는 말했다.
“좋아요. 내일아침 9시까지 여기서 다섯 블록 떨어진 네거리로 나와요.”
“아니, 일터가 거기 인가요? ”
“아닙니다. 거기부터 줄서서 기다려야 해요.”

13-16 박치기

　짙은 안개 속을 운전하던 두 운전기사가 교통사고를 당해 둘 다 중상을 입었다. 그런데 그들의 차는 흠집 하나 없었다. 도대체 어떻게 된 걸까.
　나중에 병원에서 정신을 차린 이들이 진술한 바에 따르면 하도 안개가 짙어 중앙선조차 잘 보이지 않자 둘 다 운전석 창밖으로 목을 내놓고 달리다가 맞은편에서 목 내놓고 달려오던 상대방 마빡을 서로 박치기 한 것이었고,
　차는 전혀 부딪히지 않고 세계 유일의 마빡 정면충돌 사고였다 함.

13-17 여감방이 집보다 좋은 이유

　감방에서는 세끼 밥이 절로 나온다.
그러나 집에서는 세끼 네 손으로 직접 만들어야하고, 애들 먹이는 게 장난이 아니다.

　감방에서는 잘 정돈된 마당에 나가 적당하게 운동하고 교제도 할 수 있다.
그러나 집에서는 내 손으로 마당에 있는 온갖 잡초를 다 베어야하고, 자식들 숙제와 놀이가 끝나기 전에는 잠도 제대로 못 잔다.

　감방에서는 모든 교육이 공짜다.
그러나 집에서는 공부는 고사하고, 애들 진학 고민에다 과외비까지 막막하다.

　감방에서는 약과 진료 모두 무상으로 제공된다.
그러나 집에서는 아이들 감기에다, 시어머니 병 수발, 의료보험에 의사 특진료까지 정말 없던 병도 생길 지경이다.

　감방에서는 손님 오면 나가서 재잘거리다 그냥 잘 가라고 하면 그만이다.
그러나 집에서는 집안 청소에, 음식 장만에 골병들고, 하룻밤 묵고 가라고 거짓말까지 해야 한다.

　감방에서는 편지를 쓰거나 책을 읽을 수 있는 조용한 시간이 있다.
그러나 집에서는 방마다 돌아다니며 치워야하고, 욕이나 안 들으면 다행이다.

감방에서는 내 속 옷까지 다 빨아준다.

그러나 집에서는 시누이 똥 묻은 판스까지 내가 빨아야 한다.

감방에서는 애들 우는 소리, 서방 잔소리 등을 들을 이유가 없다. 그러나 집에서는 마치 감방에서 제일 더럽고 악랄한 구석에 온 것보다 더 못하다.

13-18 의심은 의심을 낳고

어떤 사람이 새벽에 텅 빈 대중목욕탕에 갔다. 조금 있으니 한 사람이 들어오는데 탈의실에서 오랫동안 지체하고 있었다. 그래서 앞서 온 사람이 생각하기를 저렇게 오래 있는 것을 보니 틀림없이 내 지갑에서 돈을 훔쳐간 것이 틀림없다고 생각하고 가서 확인 해 보니 돈은 그대로 있었다.

그런데 이번에는 나중 온 사람이 생각하기를 목욕을 하다 말고 탈의실에 가는 것을 보면 내 돈을 훔친 것이 틀림없다 생각하고 가보니 돈은 그대로 있었다.

13-19 한국은행의 음모

만 원권, 세종대왕

오천 원권, 이율곡 선생님

천 원권, 이황 선생님

100원 동전, 이순신 장군님

이 나라에 이씨만 사는 것도 아닌데 이것은 엄청난 음모다.

13-20 무기가 없소

손님: "이봐요. 웨이터, 난 이 국을 못 먹겠소."
웨이터: "왜 그러세요? 국은 아무 이상이 없는데요."
손님: "국이 잘못됐다는 게 아니오. 수저가 없소."

13-21 자아비판

세 사나이가 어느 직업이 제일 오래된 것인지에 대해서 논쟁을 하였다.
외과 의사가 말했다.
"성서에 의하면 이브는 아담의 늑골을 빼어 내서 여자를 만들었다고 하므로 그걸 보면 나의 직업이 제일 오래된 것 같소."
"천만에요." 하고 토목기술자가 말했다.
"엿새 만에 땅(지구)이 혼돈으로부터 창조 되었다고 하니까, 그건 토목기술자의 직책이었소"
정치가가 다음과 같이 말했다.
"그렇소, 그러나 혼돈을 조성한 사람은 누구였겠소?"

13-22 아쉬운 시계

"여보세요, 거기가 전당포인가요?"

"네 그렇습니다."
"실례합니다만 지금 몇 시인가요?"
"난 그런 시간을 말해 주려고 여기에 있는 게 아닙니다."
"그러나 여보세요. 내 시계를 당신이 가지고 계셔서 그런 겁니다."

13-23 게으름뱅이

사 장 : "자넨 내가 지금까지 본 중에서 가장 게으른 사람이야.
무언가 빨리 할 수 있는 게 없는가?"
고용인 : "네, 있습니다. 남보다 빨리 피곤해지는 것입니다."

13-24 고해성사

1960년 한 독일 남자가 성당에 와서 고해성사를 했다.
"신부님. 저는 죄를 지었습니다. 이차대전 동안 유대인 한 명을 저희
집 다락에 숨겨줬습니다."
"형제여 그것은 죄가 아닙니다."
"하지만 그 사람으로부터 숙박비를 계속 받았습니다."
"음... 그건 바람직한 방법은 아니지만, 어찌되었던 죄를 진 것은 아
닙니다."
"오, 감사합니다. 제 마음이 훨씬 더 편해졌어요. 그런데 한 가지 여
쭈어 볼 게 있어요."
"말씀하세요."
그러자 독일 남자 왈
"2차 대전이 끝났다고 얘기를 해줘야 할까요?"

13-25 국립묘지에 묻게 해주오.

OOO 대통령이 청와대에서 산책을 하다가 연못에 빠졌다. 비서관
이 재빨리 다가와 그를 구하였다.

그래서 그에게 그가 원하는 것을 해 주기로 하였다.

비서실장이 그를 데리고 대통령에게 갔다.

"무엇을 원 하느냐?"

"국립묘지에 묻히게 하여 주십시오."

"눈치 빠른 대통령은 그대로 나갔다."

"그런 것을 왜 원하느냐? 승진이나, 그런 것을 말하지 않고." 비
서실장이 말했다.

그가 하는 말은!

"내가 대통령을 구한 것을 알면 나는 당장 맞아 죽습니다."

13-26 틀림없는 말

"나는 홀로 남게 되었어! 친척도 다 없어 졌어!"

"왜, 죽었는가?"

"아냐, 그들은 다 부자가 되고 말았어."

유쾌한 대화법 2

* 흥분한 목소리보다, 낮은 목소리가 위력이 있다.

* 눈으로 말하면 사랑을 얻는다.

* 넘겨짚으면 듣는 사람 마음의 빗장이 잠긴다.

* 내 말 한 마디에 누군가의 인생이 바뀌기도 한다.

생명을 사랑하고 행복한 날을 보내려는 사람은 모름지기
혀를 다스려 악한 말을 못하게 하고 입술을 다물고 거짓말을 못하게
해야 한다. – 벧전 3:10 –

13-27 무서운 태권도

　자동차가 뜸해진 어느 밤, 밖에서 두 사나이가 눈에 띈 택시를 누가 먼저 탈 것인지 말다툼을 벌렸다.
　그러나 말다툼은 간단히 끝났다. 그중 한 사나이가 모퉁이에 서 있는 자기 아내에게 돌아갔다.
"당신 왜 그 사람에게 차를 양보했나요?"
아내가 항의 했다.
　"그가 나보다 더 필요했기 때문이야. 그는 태권도 연습시간에 늦었다고 하더군." 남편은 설명했다.

13-28 뱃살 빼기

　어떤 사람이 배가 나와 살을 빼기로 작정하고 절식을 하였더니 빠지라는 뱃살은 빠지지 않고, 얼굴 살만 빠져 주름살이 늘어났다. 그래서 다시 절식을 안했더니 얼굴 살은 그대로 있고 배만 나왔다.

13-29 판정패

　식당에서 왕새우와 마요네즈를 주문한 다음 나온 음식을 보고 손님은 신선하지 못하다고 불평했다.
　화가 치민 요리장이 나타났다.
　"여보시오. 나는 당신이 이 세상에 나기 전부터 마요네즈를 만들어 오고 있어요." 요리장이 소리 쳤다."

“그럴지도 모르겠소. 그러나 그렇다고 그걸(그 옛날 것) 나에게
먹인다는 것은 안 될 말이오.” 손님이 대꾸했다.

13-30 체제의 차이

남북한 사람이 비행기 옆 좌석에 앉아 여행을 하게 되었다.
남한 사람이 말했다.
“우린 위급한 상황에서는 전화기를 들고 ‘119’를 누르면 경찰이
나 소방서로 연결이 된다오. 그쪽은 어떤 번호를 눌러요?”
그러자 북한 사람이 비웃으며 말했다.
“그런 거 필요 없수다래. 우린 아무거나 눌러도 당에서 다 듣고
있디요.”

13-31 간호사 시치미

말소리도 조용조용하고 생김새도 여성스러운 신입 간호사가 있
었다.
그녀는 간호사 된지 얼마 되지 않아 수술실에 들어가서 참관만 하는
수습기간이었다.
그러던 어는 날
그녀는 어떤 어린아이의 탈장 시술 중인 수술실에 들어가 참관하
게 되었다.
그녀는 생긴 것과 다르게 심한 변비환자였다.
갑자기 신성한 수술실에서 방귀를 뀌게 된 것이다.
그러나 그녀의 방귀도 조용 - 조용 - 다소곳이 소리 없이 뀐 것이다.

그래도 도둑이 제 발 절인다고 의사와 다른 간호사의 얼굴을 재빨리 몰래 보았다. 의사와 간호사 둘 다 묵묵히 수술만 진행하고 있을 뿐이다.

안심하고 회심의 미소를 지며 여유롭게 수술 과정을 보고 있는데 의사 왈

"간호사, 애 똥 쌌나 봐요."

13-32 아무리 알아도 참아야지

물리대생과 상대생과 공대생이 살인을 저질러 나란히 사형선고를 받았다.

사형방식은 전기의자.

물리대생이 제일 먼저 앉았다.

"죽기 전에 마지막으로 할 말은 없는가?"

"없습니다."

집행관은 스위치를 올렸다.

그런데 작동이 안 되는 것이다.

그래서 물리대생은 풀려나고 상대생이 앉았다.

"죽기 전에 할 말은 없는가?"

"없습니다."

집행관이 스위치를 올렸다. 그런데 작동이 되지 않았다.

역시 상대생도 풀려나고 이번엔 공대생이 앉았다.

"죽기 전에 할 말은 없는가?"

그러자 공대생 왈

"검은색과 빨간색 코드를 바꾸어 꽂으면 작동 하는데요."

13-33 임기응변

가공식품 가계를 찾아 온 손님이 가계주인의 숫자 다루는 솜씨에 놀랐다.

"무엇으로 인해 그렇게 머리가 좋아졌나요?" 여자 손님은 물었다.

"청어의 머리 덕택입죠. 청어의 머리를 먹으면 분명히 머리가 좋아 진답니다." 주인이 대답했다.

"그게 값이 얼만데요?"

"머리하나에 3천원입니다"

여자 손님은 4개를 집어 들었다. 2,3일이 지나자 그녀가 다시 왔다.

"여보세요. 당신은 머리 하나에 3천원을 받았어요. 한 마리 모두를 2천5백 원에 살 수 있는데 말예요." 여자 손님은 불평했다.

"자, 보세요. 벌써 아주머니의 머리가 얼마나 더 좋아졌는지를 말입니다."

가계 주인의 얼굴에는 화색이 돌았다.

13-34 오해야, 오해

수박장수가 트럭을 운전하다가 신호를 무시하고 갔는데, 경찰차가 뒤에 있었다. 뒤에서 쫓아오는 경찰차를 쳐다보며 수박장수는 우선 튀고 보자는 마음으로 차를 몰고 골목으로 들어갔다. 이리저리 빠져 나가다가 막다른 골목에 다다른 수박장수. 그런데 경찰차는 바로 뒤까지 열심히 따라 온 것이었다. 수박장수는 하는 수 없이 차에서 내렸다.

동시에 경찰관도 차에서 내렸다. 경찰관 내리며 하는 말

"수박 하나 사먹기 더럽게 어렵네."

13 - 35 사기꾼

형사와 사업가가 얘기를 하고 있었다.
"어떤 사기꾼이 저의 대리인이라고 사칭하고 2억 원의 돈을 여기 저기서 수금해 갔다는 겁니다. 2억 원이면 다른 수금사원 열 명이 해도 좀처럼 받아 낼 수 없는 큰돈입니다. 형사님, 그 놈을 꼭 잡아 주세요."
"알겠소. 곧 잡아서 감옥에 처넣겠소."
그러자 사업가 왈
"감옥에 처넣다니요? 저는 그 놈을 제 수금 사원으로 고용 할 생각인데요."

13 - 36 자존심

한국은 본래 서양에서 고려라는 의미로 Corea 하였는데 Japan보다 먼저 불려 진다고 일본 사람들이 Korea로 변경하였다고 한다.
Japan을 Zapan으로 부를까보다.

13 - 37 뛰는 놈 위에

잉글랜드인, 스코트랜드인, 웨일즈인 세 친구에게 친구가 유산을

남겼는데 각기 5파운드씩을 관 속에 넣어 달라는 요구 조건부 유언
이었다.

잉글랜드인은 5파운드 지폐를 관 속에 넣었다.

웨일즈인은 잉그랜드인으로 부터 5파운드를 꿔서 관속에 넣었다.

스코트랜드인은 관속에 들어있는 5파운드 지폐 두 장을 집어내고
그 대신 지참인 지불 액면 15파운드의 수표를 집어넣었다.

사흘 후 이 수표를 현금으로 바꿔 간 사람이 있다는 사실을 알게
된 스코트랜드인은 매우 놀랐다.

수취인은 장의사 주인 아일랜드인 이었다.

13-38 호떡 신세

친구: 병팔아 취직 안 하니?

병팔: IMF 때문에 취직이 갈수록 어려워.

친구: 그럼, 뭐하고 지내니?

병팔: 음, 난 요즘 호떡이야.

친구: 호떡? 그게 뭐야?

병팔: 백수보다 더 심한 거지. 하루 종일 배 깔고 방안에 철퍼덕
퍼져 있으면 엄마가 잠깐씩 들어 와서 뒤집어 주고 가거든.

13-39 티코와 그랜저

티코를 운전하는 아줌마가 빨간 신호등이 들어오자 차를 멈추고
기다리고 있었다. 그런데 옆에 선 그랜저에 탄 아줌마가 껌을 짝짝
씹으며 물었다.

“언니, 그 티코 얼마 주고 샀어?”

티코 아줌마는 속으로 ‘별꼴을 다 보겠네’ 라고 생각하며 무시하고 출발하였다.

다음 사거리에서 빨간 불이 들어와 또 멈춰 서 있는데 계속하여 따라온 그랜저 아줌마가 또 물었다.

“언니, 그 티코 얼마 주고 샀냐니까?”

티코 아줌마는 또다시 무시하고 출발하였다가 다음 신호등에 걸려 멈추자 그랜저 아줌마가 또 따라와 옆에 멈춰 서며 다시 물었다.

“언니, 그 티코 얼마 주고 샀냐고 물어봤지?”

뿔대가 솟은 티코 아줌마.

“야이, 가시네야! 벤츠사니까 덤으로 껴주더라.”

13-40 유언

목사가 환자의 임종에 참관하러 병원에 왔다.

가족들은 모두 나가고 목사와 환자만 남짜 목사가 말했다

“마지막으로 하실 말씀은 없습니까?”

환자는 괴로운 표정으로 있는 힘을 다해 손을 허우적거렸다. 목사는 말하기가 힘들다면 글로 쓰라고 하면서 종이와 연필을 주었다. 그래도 환자는 버둥거리며 몇 자 힘들게 적다가 그만 숨을 거두었다.

“우리의 의로운 형제는 주님 곁으로 평안히 가셨습니다. 이제 고인의 유언을 읽어 드리겠습니다.”

그리고는 큰 소리로 읽기 시작했다.

“발 치워, 너 호흡기 줄 밟았…”

13-41 웃기는 놈

나이 많은 교수가 강의실에 들어서자 학생들이 웃기 시작했다.

교수의 바지 앞문이 열려 빨간 팬티가 보인 것이다.

교수는 조용히 하라고 주의를 주었다. 그런데도 학생들이 계속 웃어대자

꽥! 소리를 질렀다.

"어떤 놈이야? 웃는 놈도 나쁘지만 계속 웃기는 놈이 더 나빠."

13-42 모범 남성

한 여성단체에서 '미스터 모범 남성' 을 선정하기로 했다.

수만 통의 추천서가 접수됐는데 그중 정말 눈에 확 들어오는 편지 한 장이 있었다. 그것은 어떤 사람이 스스로를 추천한 것이었는데 내용은

다음과 같았다.

"저는 술이나 담배를 전혀 하지 않으며 섹스도 안 합니다. 여성을 구타하는 법이 없으며, 매일 규칙적인 생활을 하고, 영화나 비디오로 시간을 축내는 법이 없으며, 일요일에는 하루도 빠짐없이 예배를 봅니다."

편지의 내용이 사실이라면 그 남자야말로 가장 유력한 후보자라고 의견을 모은 심사위원들은 결정 사실을 통보하기 위해 적혀 있는 연락처로 전화를 걸었다. 그러자 전화에서 들려 온 소리...

"네... OO 교도소입니다."

분노가 치밀 때 자신에게 질문하라.

1. 그토록 중요한가 ?

2. 화를 내는 것이 적절한가 ?

3. 상황을 바꿀 수 있는가 ?

4. 대응 할만한 가치가 있는가 ?

마음의 즐거움은 얼굴을 빛나게 하여도
마음의 근심은 심령을 상하게 하느니라
- 잠15:13 -

3-43 묘한 논리

술에 잔뜩 취한 주정뱅이가 비틀비틀 주차장으로 가서 자기 차를 찾았다.

한참이 지난 후 차를 찾고서 막 자동차 키를 꽂으려고 호주머니를 뒤적이고 있는데 때마침 순찰을 돌던 방범대원이 다가와서 물었다.

"선생님, 설마 지금 상태로 차를 몰고 가려는 건 아니겠죠?"

그러자 주정뱅이는 벌컥 화를 내며 방범대원에게 물었다.

"아니, 경찰 아저씨! 그럼 거름도 제대로 못 걷는 내가 걸어갈 거라고 생각했단 말이에요?"

13-44 남자 화장실

어느 전철역 남자 화장실에는 이런 글이 써 있다.

"신사는 매너, 한 걸음 앞으로 다가서십시오."

그런데 그 밑에 누가 낙서를 했다.

"남자는 힘, 입구에서도 문제없다."

3-45 할머니와 택시

캐이스 1,

할머니가 서울 역에서 택시를 타고 동대문까지 갔는데 요금이 6,000원 나오자, 4,400원만 주었다.

기사 : "할머니, 요금이 6,000원인데요."

할머니: "이놈아, 니가 처음 1,600원부터 시작한 것 내가 다 알고
있다구, 이잉…"
택시기사는 할 수 없이 그 돈만 받았다.

캐이스 2,

경상도 할머니가 서울에 와서 택시를 탔다.
기사 : "어디 가시나요?"
할머니 : "이놈이, '팍! 팍!'
기사 : "어이쿠. 왜 때리시는데요?"
할머니 : "그래 내는 경상도 가시내다. 니 놈은 니 할매 보고도
　　　　　가시나라카나?"

캐이스 3,

택시로 동대문에서 잠실까지 타고 간 요금이 8,000원 나왔는데
4,000원만 주었다.
기사 : "할머니, 요금이 8,000원인데요."
할머니: "이놈아 니는 나누기도 모르냐? 니랑 내랑 둘이 타고
왔잖아?"

캐이스 4,

밤에 할머니가 집으로 가려고 하는데 택시가 서지 않았다. 그래
서 옆 사람들을 보니 '따불! 따불!' 이라고 하니 선다.
할머니도 따따따불 하고 왜치니 그 앞에 6대의 택시가 섰다. 마음
에 드는 택시를 타고 집에 오니 요금이 10,000원이다. 그대로 10,000
원을 주었다.
기사: "할머니, 따불이라고 하셨잖아요?"

할머니: "에이! 이놈아. 나이 먹으믄 말 더듬는 것도 모르냐?"

13-46 노약자석

지하철 전동차의 경로석에 앉아 있던 아가씨가 할아버지가 타는 것을 보고 눈을 감고 자는 척했다. 깐깐하게 생긴 할아버지는 아가씨의 어깨를 흔들면서 말했다.

"아가씨, 여기는 노약자와 장애인 지정석이라는 거 몰라?"

"저도 돈 내고 탔는데 왜 그러세요?"

아가씨가 신경질적으로 말하자 할아버지가 되받았다.

"여긴 돈 안내고 타는 사람이 앉는 자리야."

13-47 놀부의 시계

놀부가 죽어서 천국과 지옥행을 결정하는 곳에 도착하여 두리번거리며 둘러보니 이름이 쓰여 진 시계가 여기저기 보였다.

그래서 안내원에게 물었다.

"여긴 왠 시계가 이렇게 많죠."

안내원이 가르쳐 주었다.

"저 시계들은 전생에 나쁜 일을 한 만큼 빨라지는 시계들이야!"

놀부는 자신의 시계를 아무리 찾아도 없었다.

의아해서 물었다.

"제 시계는 없네요. 저는 나쁜 일을 하나도 안 해서 그런가보죠?"

안내원이 말했다.

"네 것은 너무 빨리 돌아서 옥황상제께서 선풍기로 쓰고 있단다."

13-48 건망증

케이스 1.

진수 엄마는 다리미를 하다가 전화가 와서 받았다.
그런데 전화기 인줄 알고 다리미를 얼굴에 대고 받다가 화상을 입었다.

케이스 2.

철수 엄마는 달걀 후라이를 하기 위해 달걀을 까서 알맹이는 쓰레기통에 버리고 껍데기 만 후라이판에 담았다.

케이스 3.

영수 엄마는 내일 동창회에 가는데 잊어버릴까 염려가 되어 회계장부와 통장을 종이 가방에 담아 신발 위에 놓고 잤다. 그런데 막상 외출 할 때는 "이게 왜 여기에 있지?" 하면서 발로 차고 그냥 갔다.

케이스 4.

봉이 엄마는 콩 조림을 냉장고에 넣는다고 헨드폰을 넣고 온 집을 찾다가 전화가 와서야 찾았다.

믿음, 소망, 사랑, 이 세가지는 항상 있을 것인데
그 중에 제일은 사랑이라.

- 고전13:13 -

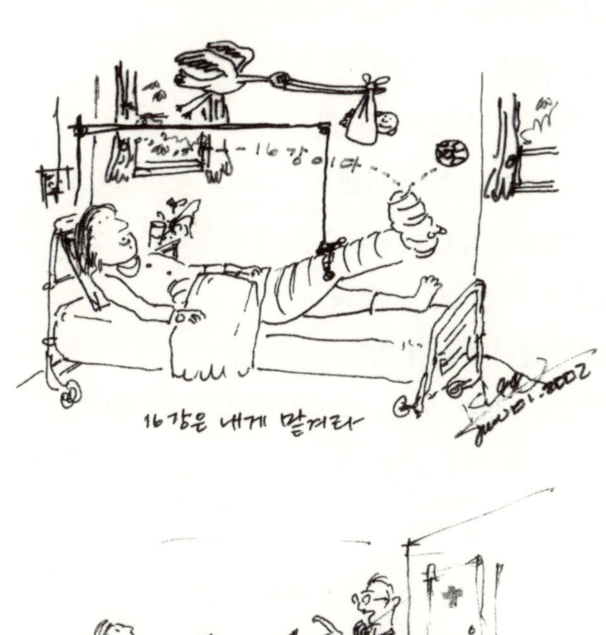

딸이 무릎을 다쳐 입원 시 시아버지께서 병문안 오셔서
며느리를 위로하면서...(그때 한일 월드컵 경기가 있었다)

보다 행복하게 살기 위한 10가지 원칙

- 1. 무엇인가를 거저 주라.

- 2. 친절을 베풀어라.

- 3. 항상 감사하라.

- 4. 정력적으로 활기 있게 일하라.

- 5. 나이 많은 어른들을 찾아뵙고, 그 들의 경험에서 배우라.

- 6. 아기의 얼굴을 열심히 들여다 보고 감탄하라.

- 7. 자주 웃어라. 웃음은 윤활유 이다.

- 8. 하나님의 방법을 알기 위해 기도하라.

- 9. 영원히 살 것처럼 계획하라. 영원히 살게 될 것이다.

- 10. 오늘이 이 땅에서 마지막 날인 것처럼 살아라.

─ 오늘의 양식에서 ─

이 원칙들 위에 찬양을 더하면 당신의 행복은 완성 될 것이다.

"내 영혼아 여호와를 찬양하라.
나의 생전에 여호와를 찬양하며
나의 평생에 내 하나님을 찬송하리로다."

─ 시편 146 : 1-2 ─

하루를 활짝 열어주는
웃음 보따리

펴낸일 • 2007년 4월 5일 초판 발행
　　　　2007년 5월 7일 2쇄 발행
지은이 • 송 종 섭
펴낸이 • 김 수 곤
펴낸곳 • 도서출판 선교횃불
등록일 • 1999년 9월 21일/제54호
등록주소 • 서울시 송파구 삼전동 103번지

총 판 • 선 교 횃 불
　　　　전　화 : 02)2203-2739
　　　　팩　스 : 02)2203-2738
　　　　홈페이지 : www.ccm2u.com